ECLAIRCISSEMENS
HISTORIQUES.

ÉCLAIRCISSEMENS HISTORIQUES

SUR

LES CAUSES DE LA RÉVOCATION

DE L'ÉDIT DE NANTES,

ET SUR L'ÉTAT

DES PROTESTANTS

EN FRANCE,

Depuis le commencement du Règne de Louis XIV, jusqu'à nos jours.

Tirés des différentes Archives du Gouvernement.

_____

1788.

ÉCLAIRCISSEMENS
HISTORIQUES

Sur les causes de la Révocation de l'Édit de Nantes, & sur l'état des Protestants en France, depuis le commencement du Régne de Louis XIV, jusqu'à nos jours.

Tirés des différentes Archives du Gouvernement.

> Tout le bien qui lui fut montré, il l'aima ; & , s'il n'accomplit pas toute Justice, c'est qu'elle ne lui fut pas toute connue. C'est la destinée des meilleurs Rois ; c'est le malheur du rang, plutôt que le Vice de la Personne.
> *Oraison Funébre de Louis XIV, par Massillon.*

CHAPITRE PREMIER.

LES intentions bienfaisantes & religieuses qui ont déterminé Louis XIV à révoquer l'Edit de Nantes, ont été

A

cruellemment trompées. Il n'y a pas eu un seul jour, pendant la durée d'un siécle, qui n'ait rendu cette vérité manifeste. Mais ce Prince, dont la magnanimité égaloit la puissance, a-t-il ordonné une odieuse & inutile persécution? Est-ce de son aveu qu'on a si promptement usé de son autorité & de son nom, pour enfreindre les nouvelles Loix qu'il avoit substituées à cet Edit? Comment, par qui, & jusqu'à quel point a-t-il été trompé dans le choix des moyens qu'il a pris, dans l'exécution des ordres qu'il a donnés pour convertir les Calvinistes de son Royaume? Toutes ces questions sont encore indécises; & les mémoires manquoient aux Historiens sur cette embarrassante partie d'un si beau régne.

Depuis quelques années, le Public a sous les yeux les *Mémoires de Noailles*, les *Lettres de Maintenon*, les

Souvenirs de Caylus, les *Mémoires de Louis XIV* lui-même, *sur les dix premières années* de son Gouvernement, imprimés, il est vrai, avec la plus perverse infidélité; mais le précieux Manuscrit de cet ouvrage est déposé à la Bibliothéque du Roi, & les preuves de son authenticité ne laissent aucun doute. On a bien voulu me le communiquer. J'ai obtenu communication de quelques autres non moins authentiques. Aucun ne contient un récit plein & entier de cette grande révolution; mais leur conformité, & même leurs contradictions apparentes, que la plus légère discussion suffit pour concilier, y répandent un assez grand jour.

Enfin la sagesse du Gouvernement ayant voulu depuis peu s'instruire à fond de tout ce qui regarde les Calvinistes François, j'ai profité de cette disposition favorable pour étendre

A ij

mes recherches dans les plus secrétes Archives, au Louvre, aux Augustins, à l'Hôtel de la Guerre, au Dépôt des Affaires Etrangères. J'ai rassemblé les différentes instructions adressées aux Intendants des Provinces, & jusqu'à présent inconnues, les ordres aux Commandans des Troupes, les lettres aux Evêques, aux Magistrats, à quelques Ambassadeurs, tous les comptes rendus au Roi ou à ses Ministres, les Mémoires qui ont déterminé presque toutes les résolutions, & ceux où l'on a discuté les motifs & les intentions de cette multitude de Loix qu'on vit se succéder avec tant de rapidité.

Telles sont les Piéces justificatives que je puis offrir au Public, en écrivant sur une matière qui a déjà produit un grand nombre d'Ecrits, & qui, à ce que j'espère, paroîtra encore neuve.

L'obfervation la plus générale qui réfulte de ces recherches, c'eſt que les détracteurs de Louis XIV & la foule de ſes Panégyriſtes, conduits par des paſſions différentes, ſont tombés dans une égale erreur. Les uns & les autres ont publié que le deſſein de réduire tous ſes Sujets à une ſeule & même croyance, avoit été pris auſſi-tôt qu'il régna par lui-même; que l'exécution en fut différée pendant plus de vingt ans, pour mieux en aſſurer le ſuccès; que pendant ce long intervalle on s'attachoit à dérober la violence des coups, ſans rien diminuer de leur force; qu'on élaguoit peu-à-peu les nombreux Priviléges dont jouiſſoient les Sectaires; qu'on ſappoit ſucceſſivement & avec lenteur tous leurs appuis, afin d'éviter que leur chûte trop prompte ne cauſât au Royaume un trop grand ébranlement. Quelques-uns ont fait remonter ce prétendu système jusqu'au régne de Louis XIII, jusqu'au régne de Henri IV, sans prendre garde qu'ils donnoient ainsi à nos Rois une dissimulation & une perfidie étrangères à la générosité Françoise, & qu'ils attribuoient à leur Conseil une suite & une constance non moins étrangères au caractère de notre Nation.

On reconnoît aujourd'hui que, parmi les Ecrivains de ce temps-là & ceux du siécle précédent, la plupart de ceux qui tournèrent leurs études vers la recherche des vérités historiques, y employoient une méthode fautive. Ils supposoient que les grands événements ont toujours été produits par de grands desseins; ils donnoient tout à la prévoyance & à la politique. Il est vrai qu'une méthode non moins défectueuse a prévalu parmi les Ecrivains de nos jours; ils ont affecté de chercher aux grands événemens, des causes frivoles ; & non-seulement ils ôtent tout à la prudence, pour donner tout à la fortune ; mais, en supposant que les événements n'ont point été préparés, ils négligent d'en saisir la chaîne ; ils ne prennent pas garde que certains événements, pour être imprévus, n'en sont pas moins inévitables; & ils confondent toujours les causes avec les occasions. Nos recherches nous ont tenus également éloignés de ces deux écueils ; &, prenant toujours pour guides ceux qui ont assisté aux délibérations les plus secrétes, nous avons pu distinguer, dans la révocation de l'Edit de Nantes, ce qui a été du dessein & ce qui a été de l'occasion.

Cette observation générale ne tombe pas moins sur toutes les suites de la Révocation : car il s'en faut encore de beaucoup qu'à cette seconde époque, la conduite du Gouvernement ait été constante, uniforme & dirigée sur un même plan. On verra que des hommes également respectés par leurs vertus, mais dont la piété tenoit à des principes différents, consultés & écoutés tour-à-tour sur les partis qu'on devoit prendre, s'accusoient mutuellement d'hérésie & de sacrilége. Ici cependant l'erreur des Historiens qui n'ont rien démêlé de ces fréquents changements, & qui n'ont vu dans tout ce qui s'est fait, que l'exécution d'un même dessein & d'un même plan, ne mérite pas autant de reproches. Le Gouvernement, dans la crainte que l'autorité Royale ne se trouvât enfin compromise, s'attachoit à dérober aux yeux des peuples, les plus légères traces de ses perpétuelles incertitudes. Sa conduite devenoit mystérieuse, parce qu'elle devenoit incertaine & variable. Mais combien cette obscurité même, qu'il avoit soin de rendre impénétrable, n'a-t-elle pas eu de funestes effets ! Nous découvrirons, avec étonnement, que les erreurs où elle a jetté quelques hommes d'Etat, en les égarant dans toutes les routes qu'on avoit secrettement abandonnées, ont eu les conséquences les plus désastreuses.

Les choses que j'ai à dire étant très-difficiles à persuader, j'ai senti qu'on auroit eu raison de m'arrêter à chaque mot pour en demander les preuves. Je me suis donc déterminé à insérer presque partout dans le texte même de ces Eclaircissements historiques, les propres mots des pièces originales : travail ingrat pour la gloire d'un Ecrivain, mais cette forme m'a paru propre à prévenir de dangereuses disputes ; & j'ai dû sacrifier toute autre ambition à celle de publier des vérités incontestables sur un point curieux de notre Histoire, sur un régne mémorable dont les moindres anecdotes intéreffent, parce qu'elles tiennent à des noms immortels, & fûr un événement célèbre trop longtemps abandonné à la contrariété des opinions.

CHAPITRE II.

AU moment où Louis XIV commença de régner par lui-même, les Proteftants François ne formoient plus une faction dans l'Etat. Ils avoient ployé avec tous les autres fujets, & même, ce qui méritoit d'être remarqué, & ne l'a pas été encore, ils avoient ployé avant tous les autres fujets fous le joug de l'autorité Souveraine. Si, dans les temps antérieurs, ils avoient réfifté à force ouverte, s'ils avoient pris les armes, & s'ils ne les avoient pofées qu'en fe réfervant des Villes de fûreté, c'étoit l'esprit général de ces temps, qui les avoit conduits, & non l'esprit particulier de leur Secte, laquelle au contraire devoit s'attacher, par ses principes, à renouveller les premiers siécles du Christianisme, & avoit d'abord recommandé la patience & la résignation, comme des vertus de la primitive Eglise. On diroit à entendre quelques Déclamateurs que, s'il n'y avoit point eu de Réformés, jamais il n'y auroit eu en France, ni révolte, ni guerre civile. Peu s'en faut qu'ils n'imputent aux Huguenots la sédition des Maillotins, & la guerre du Bien Public. Ils ont combattu pour la liberté de leurs consciences, lorsque les Princes, les Seigneurs, les Bourgeois des Villes étoient toujours prêts à prendre les armes pour la défense des moindres droits, des moindres prétentions ; lorsque le Clergé Catholique enseignoit que toutes les

Couronnes sont soumises à la Thiare, & que le Pape peut délier les sujets du serment de fidélité; enfin lorsque la Maison de Bourbon eut, à dessein, multiplié leur nombre, eut fait en sorte d'aigrir leurs mécontentements, leur eut promis d'éteindre les buchers allumés pour leurs supplices, & les eut armés pour le soutien de ses propres droits.

La manière dont leur abaissement s'étoit effectué, n'est pas moins digne de remarque. On n'a pas assez observé qu'ils penchoient déjà vers leur ruine, quand ils obtinrent l'Edit de Nantes. Aussi-tôt que la Maison de Bourbon fut montée sur le Trône, une nouvelle administration s'établit parmi eux. Ils refusèrent, après la conversion de Henri IV, de choisir un autre protecteur parmi les Grands attachés à leur Secte. Ce Prince est le dernier à qui ils ayent donné ce titre. L'autorité du *Protectorat* avoit été confiée à une assemblée de Gentilshommes, de Pasteurs & de Bourgeois, sur le modéle des Etats-Généraux du Royaume. Tous ceux des Réformés qui vouloient prendre part à la cause commune, étoient subordonnés à ce Conseil. Les Princes & les Grands ne pouvoient plus exercer cette dangereuse autorité qu'ils avoient eue pendant les troubles passés; & le Duc de Rohan, leur dernier Chef, ne fut pas véritablement leur Chef, comme l'avoient été les Condés & le Roi de Navarre. Rohan, quels que fussent ses talents, sa naissance & ses vertus, fut un des Généraux aux ordres de cette Assemblée. C'étoit, dit-on, une République dans un Royaume; mais cela même ruina leur parti. Une Société qui n'avoit aucun Chef, ni pour le spirituel, ni pour le temporel, fut aussi-tôt divisée. Libres dans leur Culte, il n'y eut plus d'intérêt commun qui pût les réunir. Les Princes & les Grands, ayant perdu l'espérance de s'emparer du premier rôle, ne tardèrent pas à se soumettre à l'autorité Royale. L'ambition des principales Maisons Calvinistes, se tourna vers les honneurs de la Cour, vers le commandement des Armées Royales ; & la preuve que la diversité de croyance avoit été seulement un prétexte aux Factions, c'est que, du moment où les affaires des Réformés furent réduites aux seules affaires de leur Religion, & à leur sûreté personnelle, ils furent presque généralement abandonnés.

L'Edit de Nates, lui-même, étoit un ouvrage très-imparfait. Notre intention n'est pas d'affoiblir ce qu'on a toujours accordé de reconnoissance & d'estime à la profonde sagesse de ses Rédacteurs. Mais, d'un côté, les

Catholiques, profitant de tous leurs avantages, avoient dicté les principaux articles de l'Edit; & il est aisé de reconnoître par combien d'artifices ils y avoient préparé la ruine du Calvinisme. Au contraire, quelques-uns des articles séparés avoient été dictés par les Calvinistes; & ils sembloient y préparer la France à devenir Protestante. Le Législateur avoit ainsi tenu la balance égale; & les haines, encore trop actives, le réduisant à ne rien faire de plus que d'assûrer la tranquillité publique, il avoit laissé au temps le soin de décider cette grande question. Le temps avoit décidé contre les Calvinistes. L'Edit seul n'avoit reçu aucune atteinte formelle, & les articles séparés avoient été détruits.

Cette restriction de leurs prérogatives avoit été l'ouvrage du Cardinal de Richelieu. Il avoit repris leurs Villes de sûreté, concessions faites pour un temps limité, & dont le terme, déjà renouvellé avant son ministère, étoit expiré de nouveau. Mais, si des hommes sauvés des bûchers, & récemment échappés de la St-Barthélemi, étoient excusables de les avoir demandées comme refuge & comme garantie, Richelieu les trouva également excusables d'avoir refusé de les évacuer, quand la mort de Henri IV, assassiné en haine de leur Religion, leur eut donné de nouvelles craintes. L'inexorable Richelieu trouva cette faute digne de grâce; &, en faisant démanteler toutes leurs Villes, il les maintint dans la liberté de leur Culte, & dans quelques autres Priviléges. Il crut que, sous une administration comme la sienne, la fermeté du Gouvernement & sa fidélité inviolable devoient être regardées comme le plus sûr asyle & la meilleure garantie. Il leur ôta aussi le droit des

Assemblées

Assemblées Politiques. Elles n'étoient point accordées par l'Edit de Nantes; elles se tenoient, chaque fois, par une permission particulière du Roi. La demande même en fut proscrite; &, sans doute, il eût été trop inconséquent & trop bizarre que, les Etats-Généraux de la Nation n'étant plus alors convoqués, un Culte différent de la Religion Dominante eût donné droit à ceux qui le pratiquoient, de continuer à s'assembler, & de porter en commun leurs plaintes & leurs cahiers au pied du Trône.

Ce fut encore Richelieu qui établit pour maxime dans le Gouvernement, de n'accorder aux Réformés les grandes dignités de la Cour & des Armées, que dans des cas extraordinaires. L'Edit de Nantes les déclaroit capables de toutes les Charges; mais non de toutes les grâces. On érigea en principe d'Aministration,

B

l'exécution rigoureuse de cette clause; & la résolution fut prise de ne revêtir de dignités éclatantes, que ceux qui se distingueroient par les services les plus signalés. C'étoit détacher de leur croyance ceux dont la foi seroit moins vive que leur ambition : c'étoit attacher au service du Roi, avec la plus grande émulation, ceux qui persévéreroient à vouloir servir Dieu à leur manière.

Eux-mêmes s'étoient donc délivrés de l'ambition des grands; & Richelieu les avoit réunis au corps de la Nation. Depuis ce temps, en effet, aucun trouble de Religion n'avoit existé dans le Royaume. Libres & tranquilles, sans intérêt général, sans union, sans force, ils ne s'étoient joints à aucune des factions qui avoient continué d'agiter la France. Montauban & la Rochelle étoient démantelées & soumises, lorsque Paris faisoit encore des barricades & chassoit le Roi, la Régente & la Cour hors de ses murailles. Mazarin disoit d'eux : « Je n'ai point à » me plaindre du petit troupeau ; » s'il broute de mauvaises herbes, » du moins il ne s'écarte pas ». Ce Cardinal étoit si bien dans l'intention de leur rendre toute justice, que, sur les plaintes réciproques du Clergé & de leur Synode, il nomma des commissaires, choisis en nombre égal dans les deux Religions, pour visiter toutes les Provinces, & remédier aux aux infractions faites à l'Edit de Nantes, pendant les troubles de la Fronde. Ces commissions furent données dans les principes de la plus exacte équité. Nous verrons, il est vrai, qu'après un intervalle de seize années, elles devinrent un des plus sûrs instruments de la ruine des Réformés; mais nous verrons aussi comment, dans cet intervalle, l'esprit du Gouvernement avoit changé. Les pouvoirs de ces Commissaires n'étoient pas encore expédiés au moment où le Cardinal mourut; & ce fut un des premiers actes de l'Administration de Louis XIV. Ce Prince a cité ce fait dans ses *Mémoires*, comme une preuve de son impartialité, & du système modéré qu'il avoit résolu de suivre à leur égard.

Ainsi, quand Louis XIV prit en main les rênes du Gouvernement, leur Religion, sans partager les droits de la Religion dominante, étoit plus que tolérée : elle étoit permise & autorisée. S'il y avoit, de l'une ou de l'autre part, quelqu'infraction aux Edits, quelque sujet de plainte, le rétablissement de l'ordre n'étoit pour l'Administration qu'une affaire de simple police. Cette Faction si long-temps redoutable, étoit véritablement détruite.

L'autorité Souveraine avoit, au contraire, acquis, de jour en jour, plus d'étendue & plus de force. La nouvelle conſtitution des Armées, la ſupériorité des Troupes diſciplinées ſur des Milices aſſemblées à la hâte, le perpétuel & formidable uſage de l'artillerie, dont les dépenſes excédent la fortune des plus riches particuliers, le nouvel Art de fortifier les places, tous ces grands progrès de l'Art de la guerre, dont les ſoins continuels & diſpendieux exigent la puiſſance d'un grand Etat, & dont tous les Etabliſſements en France, ſont réunis dans les ſeules mains du Monarque, ne permettoient plus qu'il ſe formât aucune Faction dangereuſe. La Nobleſſe de l'une ou de l'autre Religion, avoit perdu de vue ſes foyers, & ne connoiſſoit plus que les drapeaux du Prince. Le Gentilhomme retiré dans ſa Province, n'y jouiſſoit plus d'aucune considération ; l'Officier particulier n'avoit que celle de son grade ; l'Officier général n'avoit de puissance que celle de sa commission momentanée. La considération personnelle, la naissance, les talents, la richesse des possessions, l'éclat des services étoient regardés comme autant de titres pour obtenir les faveurs de la Cour, & le droit qu'ils y donnoient étoit leur plus grand prix. Enfin les opinions, les mœurs, l'état général de la Nation ne laissoient plus dans aucun esprit l'idée de s'opposer à la volonté Royale, & n'en permettoient l'espoir à qui que ce fût.

Ce n'est point ici le lieu de rechercher comment cette inclination séditieuse & remuante, qui avoit encore tout récemment éclaté pendant les troubles de la Fronde, s'étoit dissipée dans ce foible & imprudent effort. Disons seulement que cette époque de notre Histoire est plus intéressante qu'on ne le croiroit au premier coup d'œil. Peut-être, pendant la longue durée de cette Monarchie, n'y a-t-il point eu de conjonctures plus favorables pour former enfin une sage constitution : seul avantage qui ait toujours manqué à la France. L'autorité Royale, après avoir été exercée par un Ministre absolu & sévère, comme une Dictature terrible mais nécessaire dans les temps orageux, étoit retombée en des mains incertaines & timides. Les querelles de Religion, qui, depuis un siécle, avoient rendu entre les François toute conciliation impossible, étoient éteintes. Les Grands, qui n'avoient cherché, depuis la ruine du Gouvernement Féodal, qu'à se rendre les Ministres de l'autorité Royale, & à conserver ainsi quelqu'apparence de considération & un pouvoir qui ne leur étoit pas personnel, avoient vu récemment avec quelle facilité, un Ministre adroit & ferme les avoit dépouillés de cette puissance empruntée, & avoit anéanti leur fausse grandeur. Les Compagnies de Magistrature, chargées parmi nous du dépôt des Loix, avoient du sentir, sous le dernier Ministère, l'imprudence des efforts qu'elles avoient précédemment faits pour se substituer aux Etats-Généraux. Une expérience qui pouvoit devenir heureuse, leur avoit enseigné que, si elles persévéroient dans le projet insensé de se substituer aux Assemblées de la Nation, pour limiter le pouvoir absolu, & de s'associer en même-temps, contre la Nation, à la Puissance Royale pour nous gouverner, elles échoueroient dans cette double entreprise, & laisseroient les Peuples dans l'esclavage, en y tombant avec eux. Le

Tiers-Etat n'étoit pas encore entièrement avili. La Nation commençoit à s'éclairer par la culture de tous les arts de l'esprit. Enfin jamais aucun Pays n'eût à-la-fois un tel nombre de Grands-Hommes dans tous les genres; & cependant jamais aucun Peuple ne parut plus incapable de se gouverner lui-même, ne se montra plus vain, plus inconsidéré; plus distrait de ses grands intérêts par les passions les plus futiles. Tous les Ordres de la Nation égarés, suivirent, au hazard, des Chefs imprudents. De si favorables conjonctures ne produisirent parmi nous, que la plus ridicule guerre dont l'Histoire fasse mention; & un Cardinal étranger, maître du Royaume, après tant de vaines agitations, remit, à sa mort, entre les mains Roi, une autorité affermie, un pouvoir inébranlable.

Mais, sans nous écarter du sujet

que nous avons entrepris de traiter, citons Louis XIV lui-même, fur les premières années de fon Gouvernement : « Ne doutant pas », dit-il au commencement de fes *Mémoires*, & en adreffant la parole au Dauphin, « Que les chofes affez grandes & affez » confidérables où j'ai eu part, n'e- » xercent, un jour, diverfement le » génie & la paffion des Ecrivains, » je ne ferai point fâché que vous » ayez ici de quoi redreffer l'Hiftoire, » fi elle vient à s'écarter ou à fe » méprendre, faute de rapporter fi- » délement, ou d'avoir bien pénétré » mes projets & leurs motifs ». Nous ferons donc ici de fes *Mémoires* un des ufages auxquels ce Prince les a deftinés : nous les emploierons à redreffer l'Hiftoire qui s'eft égarée fur un des plus grands événements de fon Règne.

Il commence par fe juftifier d'avoir

laissé Mazarin gouverner, &, pour ainsi dire, régner si long-temps; & voici comment il expose quels étoient alors les embarras du Gouvernement: « Des agitations terribles par tout le » Royaume, avant & après ma majo- » rité; une guerre étrangère, où ces » troubles domestiques avoient fait » perdre à la France mille & mille » avantages; un Prince de mon Sang » & d'un très-grand Nom » (le grand Condé) « à la tête de mes ennemis; » beaucoup de Cabales dans l'Etat; » les Parlements encore en possession » & en goût d'une autorité usurpée; » dans ma Cour très-peu de fidélité » sans intérêt; & par là mes sujets, » en apparence les plus soumis, au- » tant à charge & à redouter pour » moi que les plus rébelles; un Mi- » nistre, rétabli malgré tant de fac- » tions, très-habile, très-adroit, qui » m'aimoit & que j'aimois, qui m'a-

» voit rendu de grands services, mais
» dont les pensées & les manières
» étoient naturellement très-différen-
» tes des miennes ; que je ne pouvois
» toutefois contredire, ni lui ôter la
» moindre partie de son crédit, sans
» exciter peut-être de nouveau con-
» tre lui, par cette image, quoique
» fausse, de disgrace, les mêmes ora-
» ges qu'on avoit eu tant de peine
» à calmer ; moi-même assez jeune
» encore ; majeur, à la vérité, de la
» majorité des Rois, que les Loix de
» l'Etat ont avancée pour éviter de
» plus grands maux, mais non pas
» de celle où de simples particuliers
» commencent à gouverner librement
» leurs affaires ; qui ne connoissois
» entièrement que la grandeur du
» fardeau, sans avoir pu, jusques-là,
» connoître mes forces. »

On voit que dans cette énumération des embarras du Gouvernement,

il ne fait pas la plus légère mention des Calvinistes.

Il parle ensuite de tous les maux de l'Etat, au moment où il gouverne par lui-même : les prétentions des Grands, accoutumés à vendre leurs services & à mettre leur fidélité en négociation ; la prostitution de toutes les grâces; la ruine des finances & le luxe insolent des Financiers; la Justice vénale & arbitraire, la Magistrature pleine de désordres; & la Jurisdiction même du Conseil donnant l'exemple de ces désordres ; la Noblesse avilie par ceux qui l'avoient usurpée, & devenue odieuse dans le Royaume par sa tyrannie; l'Eglise divisée par des disputes indifférentes en elles-mêmes, mais que des intérêts humains avoient aigries au point de faire craindre un schisme ; &, dans ces disputes, le mauvais parti, soutenu par des Evêques d'une grande réputation, d'une grande piété & capables d'entraîner la multitude.

Il se plaint donc du Clergé, des Jansénistes, de la Noblesse, des Courtisans, de la Magistrature, des Financiers, & il ne fait pas la plus légère mention des Calvinistes.

Il continue en se félicitant de l'occasion favorable que le calme intérieur de l'Etat, & la Paix avec toutes les Puissances étrangères, lui offroient pour remédier à tous ces maux. « Ni » mouvement, » dit-il, » ni crainte » ou apparence de mouvement dans » le Royaume »; &, en parlant des Souverains étrangers, le Pape est le seul à cette époque, dont il note la mauvaise volonté pour la France. Il expose ensuite les motifs des choix qu'il fit pour composer son Conseil; & en nommant ceux des Secrétaires d'Etat qu'il ne fit pas Ministres, il ajoute un mot bien essentiel au sujet que nous traitons. « La Vrillière, dit-il, » & du Pleſſis étoient de » bonnes gens, mais dont les lumières » paroiſſoient ſeulement proportion- » nées à l'exercice de leurs charges, » dans leſquelles il ne tomboit rien » de bien important » : or les affaires générales de la R. P. R. compoſoient preſque tout le Département de la Vrillière. Telle étoit donc l'opinion de Louis XIV lui-même ſur cette partie de l'Adminiſtration de ſon Royaume. On ne devoit plus l'enviſager comme une affaire importante dans l'Etat : un homme ſans lumières & ſans génie ſuffiſoit à la régir. Peut-on refuter plus complettement tant d'accuſations vagues qu'on a accumulées dans ce ſiécle-ci, contre les Calviniſtes de ce temps-là, & mieux détruire toutes les fauſſes interprétations qu'on a données à la conduite de Louis XIV à leur égard. Ce n'étoit point dans un Ecrit ignoré, ni

au commencement de son règne, que ce Prince s'exprimoit ainsi ; c'étoit dans un Ecrit qu'il dictoit pour l'éducation du Dauphin son fils, en l'année 1671 ; & celui même qui tenoit souvent la plume sous sa dictée, Pélisson, dans un panégyrique de ce Prince, qu'il prononça à l'Académie Françoise, annonça à la Nation cet Ouvrage en ces termes : « Après avoir
» choisi pour cette éducation Royale,
» les hommes les plus éclairés & les
» plus sages, comme s'il n'y devoit
» plus penser lui-même, il y pense
» comme si personne ne le devoit
» seconder dans ce travail, jusqu'à
» mettre par écrit pour ce cher Fils,
» & de sa main, les secrets de la
» Royauté & les leçons éternelles de
» ce qu'il faut éviter ou suivre ; non
» plus seulement Père de cet aimable Prince, ni Père des Peuples
» même, mais Père de tous les Rois
» à venir ». CHAPITRE

CHAPITRE III.

Mais de ce que les Huguenots n'étoient plus à redouter, il en résultoit qu'on se livroit de toutes parts & ouvertement contr'eux à une haine que le temps n'avoit pas encore assoupie. L'animosité avoit survécu aux troubles; &, dans beaucoup d'esprits, la crainte avoit survécu au danger. Les cendres de la Ligue n'étoient pas totalement éteintes; & nous ne pouvons nous refuser ici à une observation. Louis XIV, en révoquant l'Edit de Nantes, & en permettant qu'un de ses Ministres allât encore bien au-delà de cette révocation, s'est laissé entraîner à cette animosité publique; mais aujourd'hui la pitié générale a succédé à la haine, & le Monarque qui se laisseroit fléchir &

qui rendroit enfin quelques droits à ces Infortunés, daigneroit, comme Louis XIV, condefcendre au vœu prefque unanime.

Ce n'eft pas que, dans les Armées, fur les Flottes, à la Cour même, une heureufe concorde ne régnât entre les deux Religions. Plufieurs Calviniftes étoient confidérés de la Nation entière, les uns par leurs grands fervices, d'autres par leur immenfe fçavoir, d'autres par une auftère probité, quelques-uns par l'agrément de leur efprit.

« Il y avoit long-temps avant la
» Révocation de l'Edit de Nantes, »
dit Ségrais en parlant de la ville de Caen, « que les Catholiques & les
» Huguenots vivoient ici dans une
» grande intelligence ; qu'ils man-
» geoient, buvoient, jouoient, fe
» divertiffoient enfemble, & fe quit-
» toient librement, les uns pour aller

» à la Messe, les autres pour aller
» au Prêche, sans aucun scandale, ni
» d'une part, ni d'autre ».

La culture des Lettres contribuoit à cette conciliation. Pour peu qu'on soit versé dans l'histoire de notre Littérature, on sçait que l'amitié établie entre quelques hommes des deux Religions, a fondé l'Académie Françoise; mais on sçait moins communément que telle fut aussi l'origine de l'Académie de Caen, de celle de Nismes, & de plusieurs autres.

Des Evêques célèbres s'honoroient de prendre place dans ces Assemblées, & quelques-uns, dans les Provinces, s'en déclaroient Protecteurs, à l'exemple du Cardinal de Richelieu.

Si donc la renaissance des Lettres, dans les premières années du quinzième siécle, avoit causé les malheurs du Schisme, les Lettres elles-mêmes, en se perfectionnant, adoucissoient les esprits, & faisoient succéder aux disputes d'une érudition dangereuse, les égards mutuels pour la diversité des opinions.

Mais tel n'étoit pas encore l'esprit populaire, cet esprit qui, dans les Monarchies les plus absolues, parvient souvent à dicter les Loix; &, dans le temps dont nous parlons, non-seulement le Clergé, mais les Parlements, les Cours Souveraines, les Universités, les Corps Municipaux, les Communautés des Marchands & Artisans se livroient en toute occasion à leur pieuse animosité. Dès qu'on pouvoit, dans quelque cas particulier, enfreindre l'Edit de Nantes, abattre un Temple, restreindre un Exercice, ôter un Emploi à un Protestant, on croyoit remporter une victoire sur l'Hérésie. On imputoit hautement à la malédiction du Ciel sur eux, toute espèce de malheur public. On les croyoit auteurs de tous les crimes dont les auteurs étoient inconnus. Il restoit dans la plupart des esprits l'opinion qu'ils avoient obtenu à main armée les Privilèges dont ils jouissoient. On oublioit que le premier Edit en leur faveur, l'Edit de 1562, avoit été rendu à l'Assemblée des Notables, sans guerre, sans effusion de sang, quand les Princes de la Maison Royale étoient redevenus les Maîtres du Conseil; que l'Edit de Nantes avoit été rédigé après de longues discussions, & accordé à ceux qui avoient le plus contribué à rendre le Trône à Henri IV; & qu'enfin l'Edit de 1629, avoit été donné aux Protestants soumis & vaincus, sous le nom d'*Edit de grâce*. Ce sont les trois grandes époques des concessions qui leur avoient été faites. C'étoient les ouvrages du Chancelier de l'Hôpital, du Président de Thou, du Cardinal de Richelieu : noms respectés de la Nation entière. C'est citer la Justice, la Vertu & le Génie. Mais il n'y avoit que les hommes très-éclairés, dont le nombre est toujours si restreint, qui sentissent le respect dû à de pareilles Loix. La haine & le fanatisme ne raisonnoient pas ainsi. On ne leur pardonnoit pas d'être échappés à tant d'anathêmes & de proscriptions ; &, suivant l'opinion commune, ils n'étoient soufferts en France que forcément. Un si cruel ressentiment sembloit corrompre l'équité des hommes les plus vertueux. Les Magistrats les plus intégres en inféroient que toutes les affaires où le Calvinisme se trouvoit mêlé, ne devoient pas être comptées entre *les choses* que, dans le langage de la Jurisprudence, on appelle *favorables*, c'est-à-dire, pour lesquelles on interpréte les termes des Loix dans le sens le moins rigoureux ; & qu'au contraire, il falloit s'en tenir à la rigueur des expressions. On décidoit donc, sans se croire injuste, toutes les questions qui leur étoient relatives, suivant ce droit rigide, qu'une maxime ancienne & généralement admise qualifie de suprême injustice; &, de quelque manière que leur droit pût-être contesté, dès qu'il n'étoit pas véritablement incontestable, la décision leur étoit contraire. C'est l'esprit d'une multitude d'Arrêts rendus, à cette époque, sur des cas particuliers, soit par ces Tribunaux extraordinaires qu'on nommoit les *Grands Jours*, soit par le Conseil du Roi, soit par les Intendants des Provinces.

Cette dernière autorité étoit nouvelle dans le Royaume. Elle n'existoit point lorsqu'on rédigea l'Edit de Nantes; & les Négociateurs de cet Edit n'avoient pas dû songer à se prémunir contre elle. En effet les

Ordonnances qui forment encore aujourd'hui notre Droit Public, avoient voulu seulement que les Maîtres des Requêtes, suivant un Rôle qui seroit arrêté chaque année par le Chancelier, fissent des *Chevauchées* dans les Provinces, pour y recevoir les plaintes des Peuples sur l'inexécution des Loix, & en dresser des procès-verbaux, pour les rapporter au Chancelier. C'étoit donc une inspection vigilante, & non une autorité dangereuse. Un établissement si sage avoit, selon toute apparence, été interrompu pendant les guerres civiles; mais, en supposant qu'à l'époque de l'Edit de Nantes, la tranquillité rendue à l'Etat, dût faire présumer que ces visites annuelles recommenceroient bientôt, comment les Calvinistes pouvoient-ils prévoir que cette inspection, protectrice des Loix, ne tarderoit pas à se changer en une autorité oppressive. Les Négociateurs de l'Edit avoient donc assuré aux Protestants des droits égaux à ceux des autres citoyens. Ils les avoient protégés contre l'animosité publique; ils avoient réussi à rendre les Cours de Justice impartiales; &, quelques années plus tard, Richelieu, en prononçant qu'ils pouvoient vivre avec sûreté dans les mêmes Villes que les Catholiques, n'avoit pas cru qu'ils pussent encore être jugés avec impartialité par les mêmes Tribunaux. Depuis ce temps, Richelieu avoit non-seulement envoyé dans toutes les Provinces ces Délégués annuels, sous l'ancien prétexte « *de recevoir* » *les plaintes des peuples contre les* » *foules & incommodités qu'ils rece-* » *vroient, soit dans l'administration de* » *la Justice, soit dans la levée des im-* » *pôts, oppression des foibles par la* » *violence, crédit & autorité des Grands,*

» *& pour veiller même fur les Gens* » *d'Eglife* »; mais bientôt ces efpéces d'Inquifiteurs avoient été rendus fédentaires dans toutes nos grandes Capitales, malgré les inconvénients que Richelieu lui-même prévoyoit de leur féjour, « *plus propre*, dit-il, *à* » *fervir leur vanité particulière, que l'u-* » *tilité publique* »; & ils étoient parvenus à enlever la connoiffance de beaucoup d'affaires de Juftice aux Cours fouveraines, la levée des impôts à ceux qui en étoient chargés, une partie de la police militaire aux Maréchaux de France, prefque toute la police particulière aux Municipalités des villes, & enfin ils s'étoient emparés de prefque toute l'autorité des Gouverneurs & des Commandants des Provinces.

On s'en étoit plaint de toutes parts, auffi-tôt qu'on avoit eu la liberté de s'en plaindre; &, pendant les agitations de la Fronde, ce fut un des plus juſtes griefs de la Nation. Elle demanda la révocation des Intendans; la Cour l'avoit promiſe, & avoit éludé cette promeſſe. Les Chambres de Juſtice, établies pour les Proteſtants, éprouvoient donc en cela le ſort commun aux autres Tribunaux. Ce n'étoit pas à l'Edit de Nantes que le Gouvernement avoit intention de porter atteinte ; c'étoit aux anciennes formes de l'Adminiſtration générale du Royaume; mais il en réſultoit également que beaucoup d'affaires où les Proteſtants étoient intéreſſés, ſe trouvoient, contre la teneur de l'Edit, livrées à des déciſions arbitraires.

Le Clergé François avoit conſervé ſur eux de juſtes avantages, mais qui s'augmentoient d'année en année. Perſonne n'ignore que la réforme du Clergé avoit été dans le ſiécle précédent le feul & véritable objet des Novateurs, & que ce fut feulement dans l'animofité de ces difputes qu'ils pafsèrent de l'examen des mœurs, à l'examen de la doctrine. Dès ce moment, il fut facile au Clergé de couvrir fes reffentiments de tous les prétextes que fournit le falut des âmes. Gardons-nous cependant de calomnier le Clergé François, & rendons juftice à fes vertus. Les temps les plus doux dont ces Hérétiques ayent joui dans le Royaume, depuis 1629 qu'ils y font abandonnés, fans défenfe, à la merci du Gouvernement, ont été fous l'adminiftration de trois Cardinaux qui, pendant ce long période, l'ont gouverné à trois différentes époques : Richelieu, Mazarin & Fleury; &, quand l'intolérance générale eut entraîné Louis XIV lui-même contre fes principes & contre fa volonté, le Cardinal de Noailles, le feul qui, pendant un si long règne, ait eu quelque tems un grand crédit à la Cour, parvint à suspendre la persécution. Mais cette conduite tenoit plus aux sentiments personnels de ces quatre Princes de l'Eglise, qu'aux sentiments de tout le Clergé. Il faut convenir que les Pasteurs Protestants ne travailloient pas à calmer cette haine ; ils s'occupoient gravement dans leurs Synodes à faire déclarer que « *le Pape étoit l'Ante-Christ*, que la Religion Romaine étoit la Prostituée de Babylone ». Le Clergé leur rendoit scrupuleusement injure pour injure ; il les appelloit, « portes de l'Enfer & concubines de Satan » ; mais, si les deux Religions s'injurioient d'une manière atroce, il y avoit cette extrême différence entre les invectives qu'elles se permettoient l'une contre l'autre, que le Clergé portoit aux pieds du Trône, dans tous ses discours au Roi, celles dont il les accabloit, & avoit droit d'y qualifier hautement de blasphêmes, les mots injurieux que ceux-ci osoient employer dans leurs Livres. Il y avoit une différence bien plus importante. Le Clergé donnoit de l'argent au Roi. On négocioit avec ce premier corps de l'Etat, pour obtenir en faveur des besoins du Royaume, ce qu'on nomme *le Don Gratuit*; & les Protestants, au contraire, avoient besoin de l'argent du Roi pour l'entretien de leurs Ministres & pour la tenue de leurs Synodes. Chaque fois qu'ils demandoient à s'assembler, c'étoit une grâce pécuniaire qu'ils sollicitoient; & chaque fois que le Clergé s'assembloit, c'étoit une sorte de grâce qu'il accordoit à l'Etat. Aussi chaque assemblée du Clergé étoit-elle marquée par quelqu'avantage remporté sur eux; & chaque Synode au contraire recevoit de la Cour quelques marques de défaveur. Si vous cherchez dans les collections du Clergé cette longue suite de Loix toujours plus sévères contre les Calvinistes, que, de cinq ans en cinq ans, c'est-à-dire à chaque renouvellement périodique de ses assemblées, il achetoit ainsi du Gouvernement, vous y observerez d'abord que ses demandes avoient quelque modération, tant que les Calvinistes pouvoient être redoutés; mais qu'elles tendirent vers une persécution ouverte, aussi-tôt qu'ils devinrent des citoyens paisibles. Vous y observerez ensuite que le Gouvernement de jour en jour plus obéré, lui vendoit en détail la cassation successive de tous les priviléges dont il étoit possible de les dépouiller, sans une criante injustice; qu'on accordoit à son argent ce qu'il demandoit au nom de la Religion; & que cette vile reſſource dura juſqu'à l'Adminiſtration économe de Colbert, où tout changea en leur faveur.

Ajoutons enfin que la conſidération dont les deux Clergés jouiſſoient, étoit très-inégale. Les Calviniſtes, n'ayant aucune dignité Eccléſiaſtique, n'ayant point de riches Bénéfices, n'avoient, dans leur Clergé, que des hommes religieux & ſçavants. D'un côté étoient la Piété & la Doctrine; mais, de l'autre, où la Doctrine & la Piété ſe trouvoient également, il y avoit encore les immenſes richeſſes, la haute naiſſance, l'éducation des Princes, la faveur à la Cour, l'habitude des grands emplois.

Il s'en falloit donc bien que les forces ne fuſſent égales; &, cependant, avec des armes ſi diſproportionnées, au moment où Louis XIV commença

mença de régner par lui-même, un combat en régle venoit de s'engager entre tout le corps du Clergé, d'un côté, & tout le corps des Protestants, de l'autre, au sujet de la nomination des Commissaires pour réparer les infractions faites à l'Edit. Le Clergé regarda comme sa plus grande affaire, le soin de veiller, dans toutes les Provinces, sur cette Commission, & de diriger, suivant ses intérêts, ou, si l'on veut, suivant le plus grand avantage de la Religion, toutes les décisions qui alloient être rendues; situation critique, qui n'eut cependant toutes ses funestes conséquences que plus de seize ans après, & dont il seroit aisé de prouver que Mazarin mourant avoit senti tout le danger.

C'en est assez, sans doute, pour expliquer par quels motifs, dans ce premier période de l'Administration

D

de Louis XIV à l'égard des Protestants, on vit succeſſivement paroître un grand nombre d'Edits, d'Arrêts, de Déclarations qui avoient également pour objet de reſtreindre les priviléges des Calviniſtes, ſans qu'on puiſſe inférer de leur apparente connexité, qu'ils ſoient émanés d'un même plan, d'un ſyſtême déjà formé pour l'entière ruine de la Secte. Ils tenoient à l'eſprit général de ce temps-là, au zèle du Clergé qui ajoutoit, de cinq ans en cinq ans, aux demandes déjà obtenues contre eux, des demandes toujours nouvelles, à la vigilance d'une Adminiſtration active, qui cédoit un peu à cet eſprit général, « & qui les renfermoit dans » les plus étroites bornes que la juſtice » & la bienſéance pouvoient permet- » tre ». Ce ſont les propres expreſſions de Louis XIV. On ſçait auſſi que la douloureuſe & longue maladie de la

Reine mère répandoit sur toute la Cour un air de tristesse, y renouvelloit souvent les spectacles d'édification & d'une piété lugubre, & augmentoit l'empire de la Religion & du Clergé.

Mais, dans ces temps mêmes d'une apparente dévotion & d'une administration vigilante, les principes qu'on suivoit laissoient encore lieu à cette impartialité dont Louis XIV s'applaudit dans ses *Mémoires*. On pourroit en citer beaucoup d'exemples. Il y a cependant une de ces Déclarations infiniment remarquable, parce qu'après un intervalle de dix-huit ans, le zèle des conversions s'en est étrangement prévalu, & que, d'année en année, continuant d'en abuser toujours de plus en plus, il s'en est enfin servi pour renverser prématurément tous les Temples, & dans la suite encore, pour tâcher d'abolir en France, jusqu'au nom des Prétendus Réformés. Elle fut rendue dans l'unique deſſein de maintenir une ſage Police entre les deux Religions ; & le Clergé, en l'obtenant de Louis XIV, ne lui propoſa, ni de commencer une perſécution, ni rien qui parût y tendre. C'eſt une Loi rendue en 1663, contre les *Relaps*. Ce nom dérivé d'un mot latin qui ſignifie *retomber*, déſigne, en effet, ceux qui retombent dans l'Héréſie après l'avoir abjurée. Cette faute, aux yeux des zélés Catholiques, étoit la plus irrémiſſible : & ce nom, l'injure la plus diffamante. On ſe ſouvenoit encore de s'en être ſervi pour ſoulever les Peuples contre Henri IV. Un article de l'Edit de Nantes ſembloit favoriſer cette coupable légèreté ; mais, comme il avoit eu pour objet d'annuller les converſions arrachées de force pendant les guerres civiles, on n'avoit cru, en le rédigeant, ni demander ni accorder une faveur; des gens à qui on avoit dit, « *la Mort, ou la Messe* : » discours tenu à Henri IV, lui-même, la nuit de la St-Barthelemi, avoient dû obtenir le droit de retracter de telles abjurations. Cet article qui est le dix-neuvième de l'Edit, contenoit donc un juste désaveu de ces violences; &, pour ainsi dire, une expiation de cette nuit fatale, dont on ne pouvoit trop effacer la mémoire. Mais, dans la suite, quelques Protestants avoient abusé de cette facilité. Des esprits inquiets avoient flotté entre les deux Religions: tel fut, par exemple, dans le temps dont nous parlons, le célèbre Bayle qui, très-jeune encore, étoit déjà tourmenté par le doute dont il a fait, dans un âge plus mur, la base de sa philosophie. D'autres, pour quelques intérêts particuliers, soit de mariage ou de succession, avoient feint de se convertir; &, quand cet artifice leur avoit réussi, ils quittoient ce déguisement, & retournoient à leur ancien culte. D'autres enfin, après l'avoir quitté, par séduction ou par foiblesse, y retournoient par persuasion, ou par une sorte de point d'honneur; &, si nous voulions diminuer l'horreur de cette faute par d'illustres exemples, nous dirions que tel fut alors d'Ablancourt, un des Ecrivains qui ont le plus contribué à donner à notre Langue ce caractère de raison & de pureté qui la distingue; & tel encore de nos jours le fameux citoyen de Genève qui, à tant de titres, a si bien mérité du genre humain. Les Calvinistes avoient cette légèreté en horreur; & pour la prevenir, ils avoient décidé de n'admettre à leur culte les Catholiques, qu'après avoir exigé d'eux des épreuves dont la durée dépendoit des circonstances. Nous croyons aussi que plusieurs Evêques avoient établi dans leurs Diocèses de semblables régles, & qu'on n'y admettoit les Calvinistes à faire abjuration qu'après avoir long-temps éprouvé la sincérité de leur foi. Peut-être auroit-il fallu se contenter, pour réprimer un abus également abhorré dans les deux Religions, d'imiter des deux parts une semblable sévérité, de rendre générales les régles que la piété rigide de ces Evêques doit leur avoir suggérées. Mais d'autres Ecclésiastiques trouvèrent plus sûr d'armer le bras séculier, & d'implorer contre les Relaps la sévérité du Gouvernement.

Leurs sollicitations pour obtenir une Loi à cet égard furent long-temps vaines.

Les premières tentatives avoient été faites en 1638, par les Evêques de Languedoc. Le Cardinal de Richelieu ne confirma point les Ordonnances provifoires que ces Evêques avoient obtenues de l'Intendant, foit que Richelieu regardât cet abus comme un léger mal attaché au bien inappréciable de la liberté de confcience, dont il fut tellement protecteur, qu'il régla même dans quelle forme un Catholique pourroit abjurer fa religion & embraffer le Calvinifme, foit peut être qu'étant né douze ans après la St-Barthélemi, le fouvenir, encore récent pendant fon miniftère, des troubles occafionnés par les converfions forcées, & l'horreur qu'elles avoient laiffée dans tout efprit fage, lui rendiffent plus facrée la Loi qui fembloit les profcrire pour toujours.

L'affemblée du Clergé de 1660, renouvella cette demande; & tant que Mazarin vécut, elle ne put l'obtenir. Mais il femble que la mort de ce Miniftre interrompit la tradition de cette prudente Politique. Nous verrons ici plus d'une fois, &, on peut souvent l'obſerver dans les Gouvernements ſoumis à l'autorité d'un ſeul, que la mort d'un Adminiſtrateur formé par un long uſage des affaires, & dont l'expérience s'étoit mûrie à l'école de ſes Prédéceſſeurs, fait perdre le fil des plus utiles traditions & des maximes les plus ſages. L'Aſſemblée du Clergé profita du changement d'Adminiſtration. Elle fit promptement intervenir une Ordonnance proviſoire de l'Intendant de la Rochelle ; elle en ſollicita la confirmation, elle demanda que cette Ordonnance particulière fut érigée en Loi générale, & confondit dans ſa demande les Relaps avec les Apoſtats ; aſſociation qui faiſoit enviſager les premiers ſous un jour plus odieux. Mais de quelle manière fut-elle obtenue cette Loi qui eut des suites si extraordinaires & si importantes?

Louis XIV, dans ses *Mémoires*, le raconte en ces termes: « Jusqu'aux » moindres démarches, tout étoit im- » portant pour faire voir à la France » quel seroit l'esprit de mon Règne. » J'étois blessé de la manière dont » on s'étoit accoutumé à traiter avec » le Prince, ou plutôt avec le Mini- » stre; mettant toujours en condition » ce qu'il falloit attendre de ma ju- » stice ou de ma bonté. L'Assemblée » du Clergé qui avoit duré long- » temps dans Paris, différoit, à l'or- » dinaire, de se séparer, comme je » l'avois témoigné souhaiter, jusqu'à » l'expédition de certains Edits qu'elle » avoit demandés avec instance. Je » lui fis entendre qu'on n'obtenoit » plus rien par ces sortes de voies: » elle se sépara; & ce fut alors seu-

» lement que les Edits furent expé-
» diés ». Le jeune Monarque, content de s'être fait promptement obéir par le premier Corps de son Royaume, récompensa cette prompte obéissance, en accordant, à son tour, ce que le Clergé avoit en vain sollicité de Richelieu & de Mazarin ; & le Secrétaire d'Etat, chargé de ce département, homme sans génie & sans lumières, (nous avons déjà cité sur ce Ministre l'autorité du Roi lui-même) céda, de son côté, sans rien représenter, sans rien prévoir. La nouvelle Loi fixa donc aux seules abjurations faites avant l'Edit de Nantes, le sens de cet article célébre : elle s'attacha à faire tomber sur les Relaps, en les réunissant avec les Apostats, toute l'horreur dûe aux crimes de profanation & de sacrilége. Elle ordonna de procéder contr'eux suivant *la rigueur des Ordonnances*, sans spé-

cifier ce qu'on appelloit la rigueur des Ordonnances fur une faute qui, jufques-là, n'avoit point été pourfuivie comme un crime.

L'animofité contre les Proteftants étoit fi générale, que la plupart des Tribunaux inftruifirent auffi-tôt des Procès criminels contre ceux qui avoient commis cette faute, avant que la Déclaration fut rendue; mais le Confeil du Roi étoit encore fi jufte, qu'il fe preffa d'interpréter fa Loi, & fit défenfe d'y donner un effet rétroactif. Il fallut enfuite définir ce qu'on appelloit *la rigueur des Ordonnances*; & il fut ftatué que les Relaps feroient bannis à perpétuité hors du Royaume : tant on étoit loin d'avoir formé le fyftême de perfécution, auquel a tenu la révolution vingt ans après, lorfqu'on enferma dans le Royaume, par les plus févères défenfes, ceux qu'on força d'abjurer par d'extrêmes rigueurs, & qu'on éspéroit retenir dans la vraie Religion, par l'effroi des nouvelles peines qui furent alors imposées aux Relaps.

Voilà comment une foible atteinte portée à l'Edit de Nantes, si foible qu'elle ne paroissoit même pas en enfreindre le sens littéral, en devoit bientôt, & presque seule, entraîner la révocation. Le défir inconsidéré de corriger un léger mal, préparoit une dangereuse révolution. Les plus grands Ministres qu'ait eus cette Monarchie, avoient toléré ce léger abus; & cependant toute la sagacité humaine ne pouvoit aller jusqu'à prévoir dans un ébranlement presque insensible, l'instante & prochaine ruine de tout ce grand ouvrage.

CHAPITRE IV.

LE Clergé voulut pousser trop loin ses avantages, & perdit une très-grande partie de ceux qu'il avoit déjà obtenus. Il avoit pris la méthode, disent les Auteurs Protestants, de faire rendre, sur quelques cas particuliers, un Arrêt sur Requête. Après ce premier pas, il lui étoit plus facile de le faire confirmer par un Arrêt contradictoire. De-là, il avançoit encore, & faisoit rendre un Arrêt général, de même substance que les autres; & enfin, quand il en trouvoit l'occasion favorable, il faisoit convertir en Loi publique par une Déclaration, ce qui, jusques-là, n'avoit eu qu'une force limitée & dépendante des circonstances locales. Une Déclaration, qu'il obtint en 1666, contient la preuve de ces affertions. Le préambule porte: « Qu'elle a été accordée à la de- » mande de l'Affemblée du Cler- » gé, pour faire connoître, par » une Loi générale, les Arrêts ren- » dus fur des cas particuliers, pré- » venir ainfi des Procès entre ceux » qui ne connoîtroient pas les déci- » fions déjà exiftantes, & par là faire » d'autant mieux vivre en paix les » Sujets des deux Religions ». Quelques-unes de ces décifions avoient été très-impartiales; mais la plupart ayant été plus favorables à la Religion dominante, la Loi générale qui en émanoit & qui érigeoit en droit public du Royaume, toutes les décifions arbitraires rendues dans les différentes Provinces, apportoit de trop grandes reftrictions à beaucoup d'articles de l'Edit de Nantes. Les Proteftants craignirent que le Projet de leur ruine ne fut formé. Un aſſez grand nombre paſſa dans les Pays étrangers : ce fut la première de ces émigrations qui, pendant la durée d'un ſiécle, ſe ſont tant de fois renouvellées. Cependant les Aſſemblées de toutes les Provinces députèrent au Roi ; & ceux qu'elles avoient chargés de leurs plaintes lui expoſèrent, avec autant de vérité & de force, que d'inſinuation & d'adreſſe, toutes les infractions faites à l'Edit. Le Roi leur répondit avec une extrême bonté ; & ici commence le ſecond période de l'Adminiſtration de Louis XIV, à leur égard.

Cette année 1667 eſt la grande époque de la moderne Adminiſtration du Royaume ; &, comme j'ai beſoin de témoignages irrécuſables, afin de ne pas laiſſer l'ombre d'un doute ſur les opinions que j'ai entrepris de prouver, je tranſcrirai ici les

propres

propres paroles d'un Abréviateur avoué du Public : « Cette année 1667 » dit le Président Hénault « est une » époque fameuse pour tous les sages » Réglements du Règne de Louis XIV. » M. Colbert, qui avoit rétabli les » Finances, porta ses vues plus loin ; » Justice, Commerce, Marine, Po- » lice, tout se ressentit de l'esprit » d'ordre qui a fait le principal carac- » tère de ce Ministre, & des vues su- » périeures dont il envisageoit chaque » partie du Gouvernement. Il forma, » à ce sujet, un Conseil où toutes » ces matières seroient discutées, & » d'où l'on vit sortir tant de Régle- » ments & tant de belles Ordonnan- » ces, qui font aujourd'hui les fonde- » ments les plus solides de notre » Gouvernement ». Il est bien favorable à la cause des Protestants que cette année mémorable ait été celle du retour de Louis XIV vers eux.

Colbert fut leur Protecteur; & on n'accusera pas ce Ministre de trop de facilité & d'indulgence. Les Maîtres des Requêtes redoutoient de devenir Intendants, sous un Ministre aussi vigilant & aussi ferme. Dans les Finances, il avoit commencé par établir une Chambre de Justice. Dans les Conseils il étoit presque toujours pour les partis sévéres : on ne lui impute pas, ce me semble, d'y avoir jamais ouvert un avis qui tendit à l'affoiblissement de l'autorité Royale. Dans ses Audiences son abord étoit repoussant, la mauvaise humeur & le refus étoient peints dans les replis de son front ; & cependant M. Colbert fut toujours un appui pour les Réformés, toujours un ardent Défenseur de l'Edit de Nantes. Les Protestants ne furent attaqués que quand il eut perdu la principale influence dans les Conseils. Attaché à tout ce qui pouvoit contribuer à la richesse & à la prospérité du Royaume, il sentoit tout ce qui étoit dû de ménagements à une Religion professée par les Négociants les plus accrédités, les Manufacturiers les plus industrieux, & presque tous les habitants de nos Côtes Maritimes. Il employoit volontiers les Calvinistes dans les Finances Royales, où il se louoit de leur probité & de leur modestie ; mais ce ne fut pas un Protecteur aveugle ; & pendant cette même faveur dont ils jouissoient sous son Administration, on supprima dans les Parlements de Paris & de Rouen ce qu'on nommoit les Chambres de l'Edit, établissement qui avoit porté quelque trouble dans le cours ordinaire de la Justice.

Ces Chambres, ajoutées à ces deux Parlements par l'Edit de Nantes, & qui avoient l'attribution de tous les procès des Religionnaires, n'admettoient cependant qu'un feul Confeiller Proteftant dans le nombre des Magiftrats dont elles étoient compofées ; & les autres Chambres des mêmes Parlements admettroient auffi chacune un Confeiller Proteftant. Ainfi l'attribution à ces Chambres de l'Edit, pouvoit être envifagée comme inutile ; & il en avoit refulté des abus particuliers qui font étrangers à la caufe du Proteftantifme, des abus pareils à ceux que le laps du temps & les défordres de l'Etat avoient également introduits dans les autres Chambres. Cette fuppreffion entra dans le plan général des réformes fur toute l'Adminiftration de la juftice. Les Proteftants n'y perdirent rien ; & le droit qui leur fut donné de récufer deux Juges en matière civile, & trois en matière criminelle, étoit un ample dédommagement.

Ceux qui prétendent que le miniftère de Louis XIV se conduisit toujours sur un même plan à leur égard, qu'on élaguoit peu-à-peu leurs priviléges, que le dessein de leur ruine avoit été pris dès le commencement de ce règne, & que, d'après ce dessein caché, on abattoit successivement les branches avant de porter la hache au tronc de l'arbre; ceux-là, dis-je, font entrer la suppression de ces deux Chambres de l'Edit, dans l'énumération de ces atteintes progressives, portées à leurs priviléges, en suivant cet ordre prétendu que la Cour s'étoit prescrit. Mais il est aisé de prouver que ce ne fut point une sévérité particulière. Les Corps les plus respectés dans le Clergé Catholique, éprouvèrent eux-mêmes, à cette époque, la restriction des privilèges dont ils jouissoient & qui interrompoient le cours ordinaire de la justice. La Faculté de Théologie perdit le droit

E iij

de *Committimus*, droit abſolument ſemblable à celui qu'on avoit accordé aux Proteſtants par l'érection des Chambres de l'Edit. Elle prit la réſolution d'en demander au Roi la conſervation ; & elle envoya pour ce ſujet une députation à la Cour. « Boſ-
» ſuet » dit l'Auteur de ſa vie « fut
» mis à la tête des députés : il parla
» avec la plus grande éloquence ;
» mais il ne fut qu'admiré, & il
» n'obtint pas la grâce qu'il étoit
» venu demander ».

Une réforme générale de la Juſtice, & non une rigueur particulière pour les Proteſtants, détermina donc le Gouvernement à cette ſuppreſſion des Chambres de l'Edit. L'audience qu'obtint de Louis XIV, à cette occaſion, le plus éloquent de leurs Miniſtres, reſſemble à celle qu'obtint Boſſuet lui-même, & l'événement en fut pareil; ou pour mieux dire, l'événe-

ment fut beaucoup plus favorable. Le Roi répondit, « qu'on ne lui
» avoit pas fait entendre que la sup-
» peſſion des Chambres fit un ſi grand
» préjudice aux réformés ; mais ſeu-
» lement qu'elle étoit néceſſaire pour
» mieux pourvoir à l'Adminiſtration
» de la Juſtice ; qu'il avoit pris tous
» les tempéraments néceſſaires pour
» empêcher que ce changement
» ne leur fît tort ; qu'il n'avoit pas
» voulu les renvoyer aux grand'-
» Chambres où il y avoit trop de Con-
» ſeillers Eccléſiaſtiques, ni ſuppri-
» mer les Chambres mi-parties des
» Parlements de Touloufe, de Bor-
» deaux & de Grenoble, comme on
» lui en avoit fait la propoſition, par-
» ce qu'il avoit eſtimé qu'elles leur
» étoient néceſſaires ».

Les Proteſtants conſervèrent leurs véritables priviléges ; & bientôt après cette audience, la Déclaration obte-

E iv

hue contr'eux par la dernière assemblée du Clergé, fut révoquée, & avec elle, tous les Arrêts qui lui avoient servi de fondement. Dans celle qu'on y substitua, les torts qu'ils avoient soufferts furent réparés, leur discipline rétablie, leurs priviléges confirmés; tous les honneurs de la Religion dominante conservés scrupuleusement à la Religion Catholique, & la Police générale du Royaume sagement maintenue.

Deux mois après parut l'Edit célébre contre les émigrations.

Ce n'est pas ici le lieu de chercher quels avoient été de tous temps les droits de la liberté Françoise. Il faudroit remonter aux siécles pendant lesquels une grande partie de la Nation étoit tombée en esclavage, pour trouver quelque restriction au droit que les François avoient toujours eu de se choisir, à leur gré, un domicile, & même une

Patrie. Cette restriction tenoit dans ces siécles-là à des devoirs oppressifs, dont les François, en général, étoient depuis long-temps affranchis. Il faudroit redescendre ensuite au temps où nos Rois avoient eu à s'opposer à des Publications de croisades, à défendre leur propre puissance & les libertés de l'Eglise Gallicane contre les entreprises des Papes. Quelques Ordonnances eurent alors pour but de nous affranchir d'un joug étranger. Mais depuis long-temps il ne restoit aucune espéce de gêne à cette inclination naturelle qui porte les François à courir l'Univers, & à espérer par-tout la fortune. Il est vrai cependant, que sous le Cardinal de Richelieu, en 1629, il avoit paru un Code très-rigoureux, en près de cinq cents articles dont l'un défend " à tous » ceux qui sont pourvus d'un Office, » de s'absenter sans permission; & à

» tous les autres sujets, de partir sans
» déclarer leur absence aux Magi-
» strats, & avoir obtenu acte de cette
» déclaration. » C'étoit moins une
défense de sortir du Royaume, qu'une
sage Police établie contre les incon-
véniens de l'absence.

Un autre article étoit plus positif
contre les gens de mer & contre toute
espéce d'artisans nécessaires à la marine. Il leur défendoit « de sortir des
» Ports & Havres sans congé; » mais
on n'ignore pas que ce recueil étoit un
Code général de tyrannie. Il proscrit toutes les Assemblées; il désarme
la Nation; il interdit toute communication avec les Ambassadeurs Etrangers; il fait un devoir de l'obéissance
passive. Le Garde-des-Sceaux, Michel
de Marillac, en étoit l'auteur. Le Parlement refusa de vérifier cette terrible Ordonnance, & malgré la solem-
nité d'un Lit-de-Justice, il reçut en-

tore toutes les oppositions qu'on voulut y faire. L'autorité personnelle du Cardinal ne cessant de s'accroître, bientôt il n'eut plus besoin d'invoquer cette vaine apparence des Loix: & la disgrâce des Marillac, le supplice du Maréchal, & l'exil du Garde-des-Sceaux, achevèrent d'ôter tout crédit à celles qui portoient leurs noms. Cette Ordonnance tomba donc en désuétude ; elle ne fit jamais autorité dans aucun Tribunal, & n'est plus connue dans notre Jurisprudence, que sous le nom ridicule du *Code Michault*.

Voilà sans doute pourquoi l'Edit que fit rendre M. Colbert contre les émigrations, se sert de l'expression vague *des anciennes Ordonnances*, & n'en cite aucune pour la renouveller, ni la confirmer.

Le Roi défend à ses sujets de sortir du Royaume sans sa permission, pour aller s'établir dans les pays étrangers, « par mariages, acquisition d'immeubles, & transport de leurs familles & biens, pour y prendre des établissements stables & sans retour, à peine de confiscation de corps & de biens : n'entendant point comprendre dans cette défense ceux qui sortent du Royaume, pour aller travailler & négocier chez les Etrangers, pourvu qu'ils n'y transportent point leurs domiciles, & qu'ils ne s'y établissent point par mariages ou autrement ».

Ainsi cet Edit n'a pas même établi la nécessité de prendre un passe-port pour sortir du Royaume. On ne doit pas arrêter à la frontière le sujet du Roi, qui passe dans les pays étrangers. Son délit n'est commencé que quand il y a pris un établissement stable.

Il n'y est nullement question des Protestants.

Ce font les déclarations interprétatives, qui, dans la fuite l'ont tourné contre eux ; mais en fuppofant que, dès-lors, il leur fut relatif, & qu'on eut évité à deffein d'y prononcer leur nom, quelle fut la conduite du Gouvernement dans ces temps d'équité ? Avant de défendre l'émigration, il rendit leurs droits à ceux des François qu'on en avoit injuftement dépouillés ; il les remit dans la claffe générale des Citoyens ; en un mot, il commença par leur rendre une Patrie.

La Jurifprudence qui s'eft formée contre les émigrations des Proteftans eft donc abfolument femblable dans fes progrès à celle qui s'eft formée contre les Relaps. En fe perpétuant dans des conjonctures toutes différentes de celles qui l'ont fait naître, elle a perdu fon équité primitive : elle eft devenue fouverainement injufte.

Par quelle impitoyable rigueur, par quel abus de la puissance, par quelle étrange confusion de tous les principes, a-t-on fait exécuter cet Edit après avoir aboli tous ceux qui en avoient seuls établi la parfaite équité !

C'est ainsi que par des moyens sages en eux-mêmes & de la plus exacte justice, par cette Déclaration contre les Relaps, dont nous avons peut-être justifié la première rigueur dans les conjonctures où elle fut rendue, & par l'Edit contre les émigrations, qui imposoit un devoir de Citoyen à ceux qui venoient d'en recouvrer les droits, on devoit dans l'espace de peu d'années, conduire Louis XIV, sans qu'il le soupçonnât, à la plus violente persécution qui ait jamais existé dans aucun pays.

CHAPITRE V.

Avant d'entrer dans le troifiéme période de l'Adminiſtration de Louis XIV à l'égard des Proteſtants, nous demandons la permiſſion de faire une remarque ſi étrange qu'on la prendroit d'abord pour un vain jeu d'eſprit, mais qui n'en ſera que plus curieuſe, ſi l'on ne peut ſe refuſer à ſon extrême juſteſſe. Parmi deux ſingulières fortunes qu'a vû ce ſiécle, & qui ne ſemblent pas avoir entr'elles un ſeul point de comparaiſon, il ſe trouve cependant un rapport digne d'être obſervé. Cromwel, dans les premiers temps de la guerre civile à laquelle il dut ſon élévation, apperçut de très-loin, avec un coup-d'œil d'aigle, un but que des yeux moins perçants ne pouvoient appercevoir,

& qu'un génie plus commun auroit trouvé inacceffible. Il vit la carrière ouverte à l'homme habile & audacieux qui voudroit fe rendre Maître de l'Angleterre. Mais le peu d'illuftration qu'avoit fa naiffance, &, malgré la rapidité de fa fortune, le progrès encore trop peu avancé qu'elle avoit déjà fait, ne lui permettant pas alors de concevoir une fi haute ambition pour lui-même, il propofa ce plan à un homme plus confidérable : « Milord, lui dit-il, fi vous voulez
» vous attacher aux honnêtes gens,
» vous-vous trouverez à la tête d'une
» armée qui fera la Loi au Roi & au
» Parlement ». Le Comte de Manchefter, à qui il deftinoit ce rôle, n'ayant pas eu l'ambition ou la force de caractère qu'il eût fallu pour s'en faifir, & les circonftances ayant favorifé Cromwel lui-même, il exécuta, pour fa propre grandeur, ce qu'il avoit proposé

proposé à un autre. C'est le point de ma comparaison. Aussi-tôt que Madame de Maintenon eût approché de Louis XIV, elle ne tarda pas à démêler que la galanterie & la dévotion avoient un égal empire sur l'ame de ce Prince ; elle conseilla à Madame de Montespan de faire mouvoir ensemble ce double ressort, & de s'assûrer, par une adroite réunion de ces deux sentimens, un pouvoir absolu & inébranlable. Elle étoit loin d'imaginer que ce personnage pût la regarder elle-même. Madame de Montespan ne put soutenir long-temps ce plan de conduite. « On écoute mes con- » seils », écrivoit Madame de Maintenon à son Directeur; « quelquefois » on m'en sçait gré; souvent on s'en » fâche; jamais on ne les suit, & tou- » jours on s'en repent ». Et, dans une autre Lettre à ce même Directeur : « Je vis hier le Roi; je lui parlai

F

» en Chrétienne & en véritable amie » de Madame de Montespan ». C'est ce qui faisoit dire à une des femmes les plus spirituelles de ce temps, & qui étoit à portée d'être bien instruite : « Si Madame de Montespan peut ne » point reprendre ses vieilles brisées, » elle poussera son autorité & sa » grandeur au-de-là des nues ; mais » il faudroit qu'elle se mît en état » d'être aimée toute l'année sans scru- » pule.....» Cela est plaisant, ajoute Madame de Sévigné, « Que tous ses » intérêts & sa politique s'accordent » avec le Christianisme, & que le » conseil de ses amis ne soit que la » même chose avec celui de M. Bos- » suet ». Par les mots vagues de *ses amis*, elle entend ici Madame de Maintenon, comme il est aisé de s'en convaincre par une lecture attentive de ce qui précéde & de ce qui suit. Bientôt, les conjonctures ayant favorifé cette femme habile, elle s'empara du rôle que l'autre abandonnoit. Elle mena le Roi, de l'Amour à la Dévotion, pour le ramener de la Dévotion à l'Amour. Elle le livra à la conduite d'un Confesseur, & le Confesseur la conduisit jusqu'au Trône. Madame de Maintenon avoit été Calviniste ; & nous ne tarderons pas à reconnoître pourquoi cette Esther nouvelle, loin de contribuer au salut de ses Frères, conniva à leur ruine. Elle-même nous apprend quels étoient, avant les progrès de cette dévotion, les sentiments du Roi à l'égard des Protestants. Voici ce qu'elle écrit à son frère, le premier Octobre 1672. Je crois cette Lettre mal datée par l'Editeur, ainsi que beaucoup d'autres du même Recueil ; mais la précision de cette date ne fait rien à ce que je dois dire.

« On m'a porté sur votre compte

» des plaintes qui ne vous font
» pas honneur. Vous maltraitez les
» Huguenots ; vous en cherchez les
» moyens ; vous en faites naître les oc-
» casions ; cela n'est pas d'un Homme
» de Qualité. Ayez pitié de gens plus
» malheureux que coupables. Ils sont
» dans des erreurs où nous avons été
» nous-mêmes, & dont la violence
» ne nous auroit jamais tirés. Henri IV
» a professé la même Religion, &
» plusieurs grands Princes. Ne les in-
» quiétez donc point. Il faut attirer
» les hommes par la douceur & la
» charité : Jésus-Christ nous en a
» donné l'exemple ; & telle est l'in-
» tention du Roi. C'est à vous à con-
» tenir tout le monde dans l'obéis-
» sance ; c'est aux Evêques & aux
» Curés à faire des conversions par la
» doctrine & par l'exemple. Ni Dieu
» ni le Roi ne vous ont donné charge

» d'ames. Sanctifiez la vôtre ; & soyez
» sévère pour vous seul ».

Il ne s'agit pas de remarquer ici le petit ridicule attaché à dire : « Que » la persécution n'est pas digne d'un » Homme de Qualité » ; & combien la vaine gloire du nom de d'Aubigné perce dans tous les sentiments de Madame de Maintenon. Cette Lettre est un monument précieux des vrais sentiments de Louis XIV. Ils nous sont transmis par une femme dont l'unique étude étoit alors de pénétrer l'esprit & le caractère de ce Prince. Nous les entendrons bientôt de la bouche de ce Prince lui-même ; mais citons encore un autre témoignage. Madame de Caylus, dans ses *Souvenirs*, où elle nous a conservé de si curieuses anecdotes, dit, en parlant de la persécution que souffrirent bientôt les Protestants : « Le Roi se » rendit contre ses propres lumières

» & contre son inclination naturelle
» qui le portoit toujours à la dou-
» ceur » : ainsi s'exprime la nièce de
Madame de Maintenon, élevée dans
sa chambre &, pour ainsi dire, sur ses
genoux.

Comment parvint-on à fasciner
les yeux de ce Monarque ? Comment de si funestes conseils l'ont-ils
emporté sur ses propres lumières, &
des conseils si violents sur son inclination naturelle ? Ses opinions &
son caractère n'étoient-ils pas la règle
de toute sa Cour ? C'est ce point
d'Histoire que nous entreprenons
maintenant d'éclaircir.

CHAPITRE VI.

DU moment où les Réformés eurent pris la résolution de séparer les intérêts de leur Secte, de toutes les factions des Grands; ceux-ci, comme nous l'avons déjà remarqué, abandonnèrent aussi les intérêts de la Secte. Ils ne tardèrent pas à quitter successivement une croyance qui continuoit d'être assez généralement odieuse, & qui ne pouvoit plus servir à leur ambition. Les conversions étoient commencées dès le régne de Henri IV; l'Héréfie s'étoit formée en France au milieu des bûchers, & la St-Barthelemi avoit accru le nombre des Huguenots; mais bientôt, au milieu de la tolérance & de la Paix, la Religion dominante reprit tous ses avantages. A peine Henri IV fut-il devenu pos-

sesseur du Trône, que l'exemple du Roi, si puissant en France, entraîna un assez grand nombre de Courtisans. Son Confesseur, le Jésuite Coton, partageoit la qualité de *Convertisseur* avec le célébre du Perron, l'homme le plus disert de ce temps-là. De tels Apôtres n'étoient pas pour le simple Peuple, & leur Mission s'étoit bornée aux consciences de la Cour ; mais on avoit inséré dans le préambule de l'Edit de Nantes, un seul mot, il est vrai, mais enfin un mot où l'on pouvoit entrevoir que le Gouvernement conservoit l'espérance de la conversion générale du Royaume, & se ménageoit un si beau moyen de révoquer quelques jours cet Edit. Ecoutons les propres paroles de Henri IV :
« Maintenant qu'il plaît à Dieu com-
» mencer à nous faire jouir de quel-
» que meilleur repos, nous avons
» estimé ne le pouvoir mieux em-

» ployer qu'à vaquer à ce qui peut
» concerner la gloire de son saint nom,
» & à pourvoir qu'il puisse être adoré
» & prié par tous nos sujets, & *s'il ne*
» *lui a plû permettre que ce soit pour*
» *encore* en une même forme, que ce
» soit au moins d'une même inten-
» tion. » Dès ce temps-là, le Clergé
avoit assigné, avec la permission du
Pape, un fond de trente mille francs
sur les revenus Ecclésiastiques, pour
dédommager les Pasteurs Réformés,
qui, en se convertissant perdroient
leur état ; & ce fonds ne trouvant
point d'emploi parmi les Pasteurs,
étoit distribué à des Laïcs, plus aisés
à persuader. Le Cardinal de Richelieu, en accordant aux Réformés l'Edit de grâce, d'après les principes de
la plus saine politique, rendit d'un
autre côté aux bienséances de la Pourpre Romaine, tout ce qu'il leur devoit, en ne perdant pas de vue le

projet de parvenir quelque jour à la conversion générale : son Edit le porte expressément : & ce fut sous son ministère que se forma en France cette congrégation qui porte le nom de *Missionnaires*, parce qu'elle commença par des Missions faites de village en village, & le nom de *Lazaristes*, parce qu'elle fit son principal établissement dans une maison qu'elle usurpa sur l'ordre de St Lazare. Le soin de catéchiser le Peuple devint une de ses fonctions. Richelieu, en se plaignant que les Communautés Religieuses étoient beaucoup trop multipliées dans le Royaume, laissa cependant s'établir dans toutes les Provinces des hospices de Capucins & de Récolets, destinés à ce grand ouvrage. Devons-nous rappeller qu'il s'occupa même de trouver quelques points de réunion entre les deux croyances ? Ambitieux de toute espéce de succès,

& habitué dans sa jeunesse à ceux de la Théologie, il rédigea une profession de Foi qu'il se flattoit de faire admettre dans un Synode général. Mais il faudroit rappeller aussi qu'il fut également question sous son ministère, j'ai presque dit sous son régne, de créer un Patriarche en France, & de se séparer de Rome. L'une & l'autre de ces idées sont au rang de ces projets vastes & chimériques qui occupent quelquefois les génies actifs & remuants, & qu'une première tentative, ou une mûre délibération suffisent pour faire évanouir. On en citeroit de ce Grand-homme plus d'un de ce genre. Presque toutes ses idées, avant qu'il les réalisât, avoient je ne sçais quel caractère de grandeur gigantesque. Mais enfin quels que fussent ses desseins pour la réunion de toute la France dans un même Culte, il suivit toujours pour la conversion des Calvinistes les principes les plus modérés. Il les inculquoit au Roi : « Il n'y a point, lui disoit-il, de Souverain qui ne soit obligé à procurer la conversion de ceux qui, sous son régne, sont dévoyés du chemin du Salut; mais, comme l'homme est raisonnable de sa nature, les Princes sont censés, en ce point, avoir satisfait à leurs obligations, s'ils pratiquent tous les moyens raisonnables pour arriver à une si bonne fin, & la prudence ne leur permet pas d'en tenter de si hazardeux qu'ils puissent déraciner le bon bled, en voulant déraciner l'yvraie dont il seroit difficile de purger un Etat, par autre voie que celle de la douceur. »

Nous avons vu que le Gouvernement avoit adopté sous son ministère la méthode de n'accorder de grâce aux Réformés, que dans le cas des services les plus signalés.

Cette politique conſtamment ſuivie depuis plus de quarante ans, avoit eu le plus heureux ſuccès; les Maiſons les plus puiſſantes du Royaume, & preſque toutes les Familles d'une condition ſupérieure à celle du Peuple, rentroient, chaque jour, dans la Religion favoriſée. Soit donc qu'on eût agi ſur le plan général d'abaiſſer peu à peu cette Secte nombreuſe, & d'éteindre le Calviniſme doucement & à la longue, ſans que perſonne ſe plaignît, ſoit plutôt, & comme nous le croyons, que la force des circonſtances, des opinions & des mœurs, eût tenu lieu de ſyſtême & de plan, cet abaiſſement devenoit chaque jour plus ſenſible; une favorable expérience traçoit pour l'avenir une régle ſûre. La croyance du Prince devenoit peu à peu celle de la Nobleſſe. Mais, dans une Nation comme la nôtre, où l'honneur personnel est le seul principe des mœurs publiques, cet honneur exigeant qu'on ne parût céder qu'à la persuasion & à sa propre conscience, c'étoit les prédications, les bons livres, les disputes de controverse qui avoient seuls toute la gloire de cette révolution. Ces éclatants succès entretenoient le zèle de l'Apostolat. Ceux qui passoient pour les Lumières du Clergé, quelle que fût d'ailleurs la diversité de leurs opinions, & malgré les disputes & la haine qu'elle excitoit entr'eux, employoient à l'envi leurs talents à la démonstration des vérités Evangéliques; ils se réunissoient pour ce grand objet. Tous tendoient au même but. Il y avoit eu une sorte de trève signée entre Port-Royal & les Jésuites; &, pendant la cessation de leurs hostilités, le fameux Arnaud avoit tourné ses armes contre l'Ennemi commun, & composé contre les Calvinistes, son grand Ouvrage, *De la perpétuité de la Foi*. Bossuet, animé d'une sainte émulation, venoit de composer un Ouvrage non moins célèbre, intitulé : *Exposition de la Doctrine de l'Eglise Catholique*. Turenne avoit été éclairé par ce dernier Ouvrage. La conversion de ce grand Homme avoit fait une immense brèche au parti qu'il abandonnoit. En un mot, le zèle des conversions étoit la piété à la mode. Son ardeur ne se contenoit pas dans les limites du Royaume. On commençoit à concevoir la trompeuse espérance de voir toute l'Angleterre redevenir Catholique. Charles II méditoit le dessein de cette conversion générale de son Royaume. La France avoit pris soin de lui donner une Maîtresse qui pût le maintenir dans ses pieux sentiments, & à laquelle du moins il a du l'avantage de mourir dans les mains d'un

Prêtre Catholique. L'Héritier du Trône d'Angleterre n'avoit pas craint de se réunir hautement à l'Eglise Romaine. Ces desseins de conversion entroient également dans les liaisons de galanterie & dans les affaires politiques. Les Maîtresses convertissoient leurs Amants. Les Missions, dans toutes les parties du Monde étoient en si grande vogue, qu'un jeune Abbé, connu par sa rare beauté, par l'agrément de son esprit, & que nos contemporains ont encore vu dans sa vieillesse, vêtu d'habits de femme, comme il l'avoit été dans les désordres de sa jeunesse, sollicita & obtint d'aller en Mission dans le Royaume de Siam; c'étoit de lui que l'Abbé de Dangeau disoit: « Aussi-tôt que je lui eus démontré » l'existence de Dieu, il croyoit au » baptême des cloches ». La Cour, depuis la mort de la Reine mère, étoit moins occupée de ce prosélitisme tifme, qu'elle ne l'étoit de galanterie & de fêtes, de guerres & de triomphes. Mais elle applaudissoit aux succès de la parole Divine. Le soin d'encourager ces succès, n'avoit point cessé d'être pour le Roi un devoir du Gouvernement. La Piété avoit jetté dans son cœur de profondes racines; &, pendant ces alternatives de dissolution & de scrupules, pendant qu'il passoit de la faute au remords, & du remords à la faute, il croyoit racheter ses désordres & mériter du Ciel une grâce plus décidée, en travaillant à ces conversions avec plus de ferveur. Louis XIV, digne d'avoir donné son nom à son siécle, céda en cette occasion à l'esprit de ce siécle ; &, dans ses fréquents retours vers Dieu, il formoit le dessein de convertir les Huguenots, comme trois siécles plus tôt & du temps de Philippe-Auguste & de S. Louis, il eût en expiation de ses péchés, fait vœu d'aller conquérir la Terre Sainte.

Les *Mémoires* qu'il nous a laissés ne s'étendent qu'aux dix premières années de son Gouvernement; ils finissent par le développement de sa conduite à l'égard des Calvinistes; & nous devons observer ici que, n'ayant fait aucune mention d'eux, quand il a parlé des affaires politiques de son Royaume, & même ayant fait entendre que, sous ce rapport, leurs affaires n'avoient plus rien d'important, il en traite enfin fort au long parmi les actes dignes de la piété d'un Souverain.

Il est d'autant plus nécessaire de rapporter ses propres mots, qu'en imprimant ses *Mémoires*, on a indignement falsifié les différents passages où il parle des Protestants. On a retranché tout ce qui inculpe le Clergé Catholique, tout ce qui tend à justi-

» où ils se trouvoient d'écouter plus
» volontiers qu'autrefois ce qui pou-
» voit les détromper, je résolus aussi
» d'attirer même par les récompenses,
» ceux qui se rendoient dociles; d'a-
» nimer, autant que je le pourrois, les
» Evêques, afin qu'ils travaillassent à
» les instruire, & leur ôtassent les
» scandales qui les éloignoient quel-
» quefois de nous; de ne mettre enfin
» dans ces premières places, ni dans
» toutes celles dont j'ai la nomination,
» que des personnes de piété, d'ap-
» plication & de sçavoir, capables
» de réparer, par une conduite toute
» contraire, les désordres que celle de
» leurs anciens Prédécesseurs avoient
» principalement causés dans l'E-
» glise. »

« Mais il s'en faut encore beaucoup
» que je n'aye employé tous les moyens
» que j'ai dans l'esprit, pour ramener
» ceux que la naissance, l'éduca-

» tion, & le plus souvent un grand
» zéle sans connoissance, tiennent de
» bonne-foi dans ces pernicieuses er-
» reurs. Ainsi j'aurai, comme je l'espè-
» re, d'autres occasions de vous en
» parler dans la suite de ces *Mémoires*,
» sans vous expliquer, par avance,
» des desseins où le temps & les cir-
» constances des choses, peuvent ap-
» porter mille changements. »

Tels étoient donc ses vrais sentimens énoncés par lui-même, pour l'instruction de son Fils; &, s'il ne développe pas les desseins qu'il médite encore, pouvoient-ils ne pas s'accorder avec ce plan général, qu'il expose dans toute son étendue, qu'il s'applaudit de s'être tracé, & qui a pour principe *de ne presser les Réformés par aucune rigueur nouvelle.*

Ces desseins mêmes qu'il méditoit alors, nous sont aujourd'hui connus. Peu de mois avant l'époque où il dictoit fes *Mémoires*, on lui avoit présenté un projet dont le Manufcrit original eft confervé dans les Archives des Secrétaires d'Etat, avec cette fimple note « *Mémoire à garder* : ce Manufcrit a pour titre, » *Confidérations de* » *Religion & d'Etat*, pour faire voir » la néceffité & la poffibilité, qu'il » y a de réunir les Hérétiques de » France à l'Eglife Catholique». L'occafion qui engagea à mettre ce *Projet* fous les yeux du Roi, eft très-remarquable; & les chofes que j'ai maintenant à dire, vont commencer à jetter fur cette grande affaire un jour tout nouveau, un jour que de profonds myftères en avoient écarté jufqu'ici, & fans lequel on y auroit toujours trouvé une impénétrable obfcurité.

Mais il eft néceffaire de reprendre ce récit d'un peu plus haut.

Pendant que les Calviniftes François jouiſſoient dans leur Patrie d'une heureuſe tolérance, que Turenne, ſans être encore converti, commandoit les Armées, & du Queſne nos Eſcadres, pendant que Montauſier faiſoit reſpecter à la Cour une auſtère franchiſe, que des hommes de Lettres des deux Religions honoroient le Barreau, les Académies, les Colléges, & qu'une perpétuelle émulation faiſoit fleurir dans les deux Clergés, l'étude de la Théologie & de l'Eloquence, de récentes diſputes nées dans le ſein de l'Egliſe Catholique, avoient attiré toute la ſévérité du Gouvernement. Les deux partis animés l'un contre l'autre, étoient plus diviſés par des intérêts purement humains, & par leurs reſſentiments ſur les injures qu'ils s'étoient faites, que par le fond de leur Doctrine. Aucun des deux ne vouloit ſe détacher de l'Egliſe Romaine ; mais tous leurs efforts tendoient à faire tomber fur leurs Adverfaires le reproche d'Héréfie, & à pouvoir les combattre fous ce nom, avec toutes les armes de l'autorité Eccléfiaftique & de l'autorité Royale. Dans ces difpofitions réciproques, ces difputes en elles-mêmes ne portoient aucune atteinte au Culte de l'Eglife : elles rouloient feulement fur des queftions abftraites & métaphyfiques. Mais, dans cette efpéce de lutte, pour fe furprendre les uns les autres dans quelque Héréfie condamnable, les Jéfuites avoient été plus heureux, ou plus adroits que leurs Adverfaires, & avoient fait tomber fur quelques opinions foutenuës, difoient-ils, par ceux-ci, une condamnation émanée de l'autorité du Pape. Il falloit s'y foumettre ou s'avouer réfractaire à l'Eglife Romaine. Et, par-là, ces difputes avoient reçu un nouveau caractère, quand le Roi prit le Gouvernement en main. La crainte de voir son régne troublé par une Héréfie nouvelle, allarmoit également sa politique & sa piété. Il voyoit avec douleur des hommes d'une vertu éminente, embrasser & soutenir des opinions, ou réprouvées ou suspectes. Et voici comment il s'en explique lui-même dans ses *Mémoires*. Nous en citerons encore les propres termes, afin qu'on entende de sa bouche l'expression des vrais sentiments qui ont influé sur tout son règne, & qui, dans sa haine contre les opinions, lui laissèrent conserver son estime pour les personnes.

Nous réunirons ainsi, dans ce même Chapitre, & sous un même point de vue, les sentiments de ce Prince sur les deux points qui ont causé les malheurs & produit les seules taches de ce beau Règne.

« L'Eglise (ce sont les paroles de

Louis XIV) après de longues dis-
» putes sur des matières d'Ecole, dont
» on avouoit que la connoissance
» n'étoit nécessaire à personne pour
» le Salut, étoit ouvertement menacée
» d'un Schisme, par des gens d'autant
» plus dangereux qu'ils étoient d'un
» grand mérite, s'ils en eussent été
» eux-mêmes moins persuadés. Il ne
» s'agissoit plus seulement de quel-
» ques Docteurs particuliers & ca-
» chés, mais d'Evêques établis dans
» leurs Siéges, capables d'entraîner
» la multitude après eux, d'une grande
» réputation & d'une piété digne en
» effet d'être révérée tant qu'elle se-
» roit suivie de soumission aux senti-
» ments de l'Eglise ».

Les premiers soins du Roi furent donc d'étouffer ces disputes naissantes. Mais, au moment où elles étoient devenues une des plus grandes affaires de l'Etat, au moment où l'Autorité se trouvoit compromife, parce qu'elle s'employoit vainement à faire recevoir à tout le Royaume ce Décret de Rome, auquel refufoient de foufcrire, non-feulement ces Evêques irreprochables dans leurs mœurs, mais un grand nombre de Docteurs célèbres, de faints Prêtres & de Communautés renommées, on apprit avec étonnement que tout le trouble étoit ceffé.

Un accord apparent s'étoit conclu en 1669. Quelques mots équivoques diffipèrent les allarmes qu'on avoit conçues. Ces Evêques & ces Docteurs, en fe fervant d'expreffions ambigües, qu'on étoit convenu d'avance de leur laiffer employer, fe foumirent à ce Décret de Rome. Le Parti oppofé, qui avoit eu l'habileté de les prendre dans ce piége, & d'attirer fur leurs têtes les foudres de l'Eglife & l'indignation du Roi, perdit l'avantage que lui donnoit contr'eux cette apparence de Schifme; & cette fufpenfion des difputes s'appelloit alors la *Paix de l'Eglife.*

Nous dirons ici, en paffant, que cette efpèce de trève avoit été l'ouvrage de la fameufe Princeffe de Longueville, devenue dévote après les malheurs de la Fronde. Elle avoit porté dans fa retraite du Port-Royal ce même efprit d'intrigue qui avoit autrefois foutenu, contre la puiffance de la Cour & d'un Favori, un Parti foible & opprimé. Cette habile Dévote, dans fes négociations avec de pieux Solitaires, de faints Evêques, les Miniftres du Roi & le Nonce du Pape, non moins adroite qu'elle l'avoit été auparavant dans fes projets de foulèvement, & dans fes intrigues de galanterie, s'étoit jouée de tout l'art des Jéfuites; avoit fouftrait à leurs anathêmes la Secte qu'ils persécutoient, & avoit au moins, pour quelques années, reconcilié leurs ennemis avec la Cour & avec Rome.

Il est aisé de sentir combien cette paix équivoque devoit être peu durable. La haine des Partis n'en devint que plus vive; & nous verrons enfin, ce qu'on a ignoré jusqu'ici, que du sein de ces disputes, si vaines en elles-mêmes, sortirent bientôt, à l'occasion des efforts pour convertir les Calvinistes, une contrariété plus réelle, des propositions contradictoires, des plans de conduite opposés; & que la contradiction des deux systêmes, soutenus avec un égal acharnement des deux parts, & suivis tour-à-tour par le Gouvernement, passa jusques dans les Loix elles-mêmes, & porta dans toute cette entreprise la plus funeste confusion.

Mais ne devançons point les événements, & disons seulement ici que cette

cette prétendue paix de l'Eglise fut alors représentée comme un des plus glorieux évènements du Règne du Roi; qu'on se pressa de frapper une médaille, pour en perpétuer la mémoire ; & que ce succès également exagéré par la flatterie & par la joie publique, comme il arrive toujours parmi nous, persuada à quelques esprits qu'on pouvoit ramener avec la même facilité tous les François à l'unité de croyance.

Ce fut donc à cette époque & à cette occasion qu'on présenta au Roi le *Mémoire* qui contient la proposition de révoquer l'Edit de Nantes, comme s'il ne restoit que cet unique dessein à exécuter pour achever de pacifier l'Eglise.

On y propose de gagner secrétement une cinquantaine de Ministres; de les assembler en Synode; d'ouvrir une conférence avec des Docteurs

Catholiques, dans laquelle les Pasteurs, gagnés d'avance, se réuniront à l'Eglise; de révoquer ensuite l'Edit de Nantes, comme devenu inutile; & d'obtenir du Pape une dispense de quelques pratiques Catholiques, en faveur des Calvinistes scrupuleux.

On y dit que ce projet étoit celui du Cardinal de Richelieu; qu'il avoit choisi cette entreprise pour combler sa gloire; qu'il avoit rédigé les propres termes de l'accommodement sur chaque point de nos controverses; qu'il avoit engagé un nombre suffisant de Ministres, pour leur faire approuver cette réunion; qu'il avoit déjà assuré les fonds pour la subsistance de tous les Ministres destitués; que s'il eût vécu davantage, il alloit faire éclore ce grand dessein. » Si c'étoit une chose possible en ce » temps-là, ajoute le *Mémoire*, n'est-

» elle pas aujourd'hui infiniment plus
» facile, le parti des Religionnaires
» se trouvant plus foible, l'autorité
» du Roi étant montée à son com-
» ble, son nom seul étant plus puis-
» sant dans le Royaume que ne l'é-
» toient, sous le Règne précédent,
» les Armées Royales ». Et, pour
citer encore les propres termes du
Mémoire ; « A cette heure, est-il dit,
» qu'on fait plus avec un peu de
» parchemin & de cire, qu'on ne
» faisoit, pour lors, avec de grandes
» Armées ».

« La conjoncture où nous sommes
» est la plus favorable que nous puis-
» sions rencontrer. La France jouit
» par les armes victorieuses du Roi,
» d'une profonde paix. Il y a une
» parfaite correspondance entre Sa
» Majesté & Sa Sainteté, pour agir
» de concert & avec une pleine con-
» fiance. Le bonheur qui accom-

» pagne Sa Majesté en toutes les
» glorieuses entreprises, doit tout
» faire espérer de celle-ci, la plus
» sainte & la plus favorisée du Ciel;
» & en dernier lieu, la paix procu-
» rée à l'Eglise, par les soins de Sa
» Majesté, dans la réunion des senti-
» ments de ses Docteurs, semble
» être un Prélude & un avant-cou-
» reur de cette autre paix. Si dans
» une si avantageuse disposition de
» toutes choses, nous ne voyons pas
» travailler à cette sainte entreprise,
» il en faut perdre toute espérance
» pour jamais, & se résoudre à voir
» durer éternellement le Schisme
» dans l'Eglise ».

Les Historiens n'ont point eu connoissance de ce Mémoire; mais on voit dans l'Histoire de l'Edit de Nantes que, peu après l'époque indiquée dans ce Mémoire même, on tenta l'exécution de ce projet, & que

Monsieur de Turenne, alors nouveau Converti, favorisa cette tentative. Elle passa même jusqu'en Allemagne, dans les années suivantes ; & si nous examinions avec un peu d'étude les traces qui subsistent encore de tout ce qui fut fait à cette occasion, peut-être trouverions-nous qu'une autre Femme, non-moins célébre que la Duchesse de Longueville, souvent son adversaire pendant les troubles de la Fronde, souvent son amie, mais toujours sa rivale en esprit, en beauté, en agréments, la fameuse Princesse Palatine, devenue non-moins dévote, avoit encore voulu, dans cette nouvelle carrière, surpasser la gloire de la Duchesse de Longueville, & qu'elle travailla à cette Paix universelle de l'Eglise, en Allemagne & en France, après que celle-ci eut fait cette Paix particulière des Jansenistes & de Rome. Quoi qu'il en soit, *les Accom-*

modeurs de Religion, titre que leur donne l'Historien de l'Edit de Nantes, s'occupèrent en France de cet *accommodement* pendant trois années. C'est au commencement de ces trois années que Louis XIV dictoit à Pélisson le passage de ses propres Mémoires que nous avons précédemment cité. Peut-on douter qu'il n'y soit relatif? Ce fait historique n'en est-il pas le véritable commentaire?

Si nous cherchons à présent à quelle époque de sa vie il se livra à ce dessein, nous trouverons que ce fut précisément dans un de ces retours vers Dieu, dans un de ces accès passagers de scrupule & de dévotion dont nous parlions tout-à-l'heure. Si ce fait étoit isolé, il ne prouveroit rien; mais nous le verrons se renouveller quatre fois, & le dessein de convertir les Huguenots, suivre jusqu'à l'époque de la révocation, & d'intervalle

en intervalle, les accès, & pour ainsi dire, l'intermittence de cette dévotion. Voici, sur l'époque que nous cherchons maintenant à éclaircir, ce qu'écrivoit Madame de Maintenon à Madame de Saint-Géran, une des Femmes les plus recherchées de la Cour, & avec qui cette adroite Ambitieuse avoit d'abord formé d'intimes liaisons. Nous transcrirons la Lettre même, & dans la suite, nous en ferons ainsi de plusieurs autres, quoiqu'elles soient imprimées, parce que l'Editeur les ayant, pour la plupart, mal datées, comme nous le prouverons, il a fallu prendre soin de rectifier ses fautes & de retablir le fil historique. « Ce que vous me de-
» mandez, écrit-elle, n'est plus un
» mystère qu'en Province........
» *La belle Madame* s'est plainte au
» Roi de ce qu'un Prêtre lui avoit
» refusé l'absolution. Le Roi n'a pa

» voulu le condamner sans savoir
» ce que M. de Montausier, dont
« il respecte la probité, & M. Bossuet,
» dont il estime la Doctrine, en pen-
» soient. M. Bossuet n'a pas balancé
» à dire que le Prêtre avoit fait
» son devoir. M. le Duc de Mon-
» tausier a parlé plus fortement.
» M. Bossuet a repris la parole &
» a parlé avec tant de force, a fait
» venir si à propos la Gloire & la
» Religion, que le Roi, à qui il ne
» faut dire que la vérité, s'est levé
» fort ému, &, serrant la main du
» Duc, lui a dit, *je vous promets*
» *de ne la plus revoir.* Jusqu'ici il a
» tenu parole. La Petite me mande
» que sa Maîtresse est dans des rages
» inexprimables. Elle n'a vu per-
» sonne depuis deux jours ; elle écrit
» du matin au soir ; en se couchant
» elle déchire tout ; son état me fait
» pitié. Personne ne la plaint, quoi-

» qu'elle ait fait du bien à beaucoup
» de gens. La Reine envoya hier
» savoir des nouvelles de sa santé.
» Vous voyez, répondit-elle au Gen-
» tilhomme, remerciez bien Sa Ma-
» jesté, & dites-lui que, quoiqu'aux
» portes de la mort, je ne me porte
» encore que trop bien. Toute la
» Cour est chez Mme de Mon-
» tausier. Nous verrons si le Roi
» partira pour la Flandre sans lui
» dire adieu. On attend ce jour avec
» une extrême impatience ».

Toutes ces circonstances servent à fixer la date de cette Lettre, & à prouver qu'elle n'est point relative à d'autres scènes du même genre, qui troublèrent souvent une passion que la piété des deux Amants rendoit très-orageuse. Mme de Montausier mourut l'année suivante, 1671. Le Roi, au commencement de 1670, se préparoit à ce fameux voyage de Flandres, où il se montra à ses Peuples nouvellement conquis, avec tout le faste des Monarques d'Orient; & où Mme de Montespan partagea avec la Reine, les hommages du Souverain & des Peuples; l'époque n'est donc point douteuse.

Le projet de la réunion des Calvinistes, toujours vainement tenté, & reconnu enfin pour inexécutable, fut entièrement rompu dans un Synode général, tenu à Charenton, en 1673; & la passion du Roi pour madame de Montespan, ayant repris toute sa vivacité, son zèle pour la conversion de ses sujets se rallentit jusqu'à un nouveau retour vers la dévotion.

CHAPITRE VII.

LE Jubilé de l'année 1676 donna occasion à ce nouveau mouvement de piété, qui fut aussi ardent & tout aussi peu durable que le premier l'avoit été. Mais ici commence une suite d'événements, qui, sans plan, sans projet, par leur seul enchaînement, amenèrent la révocation de l'Edit de Nantes, & qui furent quelquefois accélérés, quelquefois rallentis suivant les progrès ou le réfroidissement de cette dévotion longtemps incertaine.

A cette époque les Calvinistes comptoient encore parmi eux quelques noms très-illustres; Duquêne, qui en cette même année 1676, gagna, sur le plus grand homme de mer qu'ait jamais eu la Holande, trois victoires navales & à qui le Roi prodigua de justes récompenses: Schomberg qui parvint dans quatre pays différents, en France, en Portugal, en Prusse & en Angleterre au commandement des Armées, & qui, cette année même, commandant en Flandres les troupes Françoises, celles qui la Campagne précédente avoient servi sous le grand Condé, se joua de toutes les espérances que les Alliés plus nombreux avoient osé concevoir: le Duc de la Force & sa maison: une branche des la Rochefoucault, de laquelle sont issues les deux branches aujourd'hui les plus florissantes: Ruvigny alors Plénipotentiaire de France à Londres pour les plus importantes négociations: son fils député général des Protestants à la Cour par le choix du Roi, & qui, dans la suite servit utilement les Anglois sous le nom de Lord Gallowai. Un affez grand nombre de nobleffe Calvinifte fe diftinguoit fur nos Flottes & dans nos Armées, & revenant enfuite habiter les Provinces, n'avoit pas encore trouvé, dans le défir de plaire au Roi, un motif fuffifant pour changer de Religion; &, fans parler des plus riches Bourgeois de nos Villes commerçantes, ni de cette multitude de Pafteurs, au nombre de deux mille, dont quelques uns étoient des hommes vénérables par leurs mœurs, & d'autres renommés par leur fcience & par leurs talents, les converfions n'avoient encore fait aucun progrès parmi le Peuple des campagnes.

On demandera quel étoit précifément alors le nombre des Calviniftes. Mais perfonne ne penfoit à s'en informer : & quelques années après la Révocation, ce fut une matière de difpute affez vaine, le parti des Persécuteurs assûrant que ce nombre n'avoit jamais passé six-cents mille, & le parti contraire soutenant qu'il avoit atteint près de deux millions. Quoiqu'il en soit, le nombre des Convertis suffisant dès-lors aux yeux de la Politique, étoit peu considérable aux yeux de la Religion, à qui l'âme d'un Plébéien est aussi précieuse que celle d'un grand. C'étoit sur-tout à ce sentiment de piété qu'on alloit obéir. Mais il est plus difficile qu'on ne le croit communément, d'engager les hommes d'une condition médiocre, & sur-tout le Peuple des campagnes, à changer de Religion. Il n'a que ses Pasteurs pour amis, pour conseils, pour arbitres. Les occupations Religieuses lui servent de dissipation, de consolation, de délassement ; la Religion lui tient lieu de morale, de politique, de physique même ; elle exerce sur lui toutes les autorités ;

elle posséde son esprit & ses sens de toutes les manières. La signification qui reste encore, parmi nous, aux noms de *Payen* & de *Paganisme*, dérivés du nom qu'on donnoit aux habitants des villages, prouve que leur conversion au Christianisme fut bien plus difficile à obtenir que la conversion des habitants de la Cour & des Villes.

Peut-être même la conversion des Payens étoit-elle moins difficile que celle des Calvinistes. Peut-être l'Idolâtrie avec ses sacrifices, ses expiations, ses apothéoses, étoit-elle moins distante de nos mystères & de nos Cérémonies, que le Culte des Réformés. On n'exigea point des Payens de renoncer, dans leurs prières, à l'usage de leur Langue maternelle, & de se résigner à ne prononcer toute leur vie, aux pieds des autels, que des mots sans aucun sens pour eux.

De pareilles conversions ne pouvoient être que l'effet des soins qu'auroit pris, dans tout le Royaume, un Clergé instruit, laborieux, bienfaisant, qui eût suivi les vrais principes de la Charité Chrétienne, & n'auroit pas confondu l'ardeur de la persécution, avec le zèle de l'Apostolat.

Ainsi l'avoient toujours pensé les hommes les plus sages de ce Royaume. Nous avons vu Louis XIV lui-même, dans ses *Mémoires*, regarder la réforme du Clergé comme le moyen le plus indispensable, & s'applaudir du succès qu'il croyoit avoir eu. Mais il en faut convenir, & nous citerons, pour le prouver, des témoignages irrécusables, le plus grand nombre des Ecclésiastiques n'avoit encore ni les lumières ni les mœurs necessaires à cette mission. Quelques hommes d'un génie sublime & d'une vertu éminente, honoroient

ce

ce premier Corps de l'Etat; mais le Corps même du Clergé étoit loin de leur science, de leurs talents & de leurs vertus. Rendons justice à la Nation Françoise; les vrais Apôtres étoient alors à la Cour, & la Cour se convertit. Le reste n'avoit pas même dans ses mœurs cette décence qui supplée à la sainteté, cette bienséance qui honore aujourd'hui le Clergé François, & qui le distingue de tous les Corps Ecclésiastiques de tous les Pays. Il y avoit, au contraire, parmi les Pasteurs Protestants des lumières plus généralement répandues, une conduite plus régulière, plus de soin du troupeau qui leur étoit confié. Et comment engager tout un Peuple à quitter une croyance qu'on lui faisoit aimer & respecter, pour embrasser une Religion que les vices & l'ignorance de ses Ministres dépouilloient, en apparence, de ce qu'elle

I

a de plus vénérable? Une simple assertion ne suffit pas; & je dois citer des garants qu'on ne puisse récuser. Le Duc de Noailles, Commandant alors en Languedoc, ne cessoit de s'en plaindre. Le sage Rédacteur de ses *Mémoires*, aujourd'hui publics, raconte, sur la foi de tous les titres authentiques: « Que des Conférences
» proposées entre des Prêtres Catho-
» liques & des Ministres Protestants,
» n'eurent pas lieu, parce qu'on ne
» trouva point de Docteurs Catho-
» liques assez savants pour soutenir
» la cause de Dieu; que le zèle des
» *Convertisseurs*, n'étant soutenu dans
» la Province, ni par la science, ni par
» les mœurs du Clergé, ressembloit
» moins au vrai zèle, qu'à l'esprit de
» haine & de vengeance; que les
» Evêques & les Prêtres négligeoient
» entièrement les moyens de conver-
» sion; que, dans les Cévennes sur-tout,

» ce rempart de l'Héréfie, les vices
» du Clergé méritoient les plus grands
» reproches; qu'une Cathédrale, des
» Collégiales, des Cures, plufieurs
» Communautés fournissoient à peine
» aux Catholiques, un Sermon par
» mois, tandis que les Calvinistes du
» même lieu en avoient un par jour,
» fans avoir plus de deux ou trois
» Ministres ». Et il ajoute cette ré-
flexion : « Quoique l'Eglife de France
» eût alors de favants Théologiens,
» de grands Evêques, de célèbres
» Prédicateurs, des lumières enfin, &
» des mœurs vraiment respectables,
» les mêmes caufes qui avoient favo-
» rifé les progrès des nouvelles Sectes,
» subfistoient encore dans la Pro-
» vince ».

Le Duc de Noailles revient fans
cesse à ce même reproche : « Nous
» n'avons rien fait que d'inutile, fi le
» Roi n'oblige les Evêques d'envoyer

» de bons Prêtres pour instruire les
» Peuples qui veulent être prêchés;
» mais je crains que le Roi ne soit
» plus mal obéi en cela par les Prêtres,
» que par les Religionnaires ».

Tous les rapports faits au Gouvernement & conservés dans les Archives, sont d'accord sur ce point. L'Intendant de Languedoc, c'étoit alors Monsieur Daguesseau, père de celui qui fut Chancelier de France, s'exprime en ces termes : « Une des » choses qui retient le plus les Huguenots dans leur créance, est la quantité d'instructions qu'ils reçoivent » dans leur Religion, & le peu qu'ils » en voyent dans la nôtre ». Un *Mémoire sur la Saintonge* dit positivement « Que de six-cents Paroisses, » il n'y en avoit que six où l'on prêchât pendant l'Avent & le Carême ». L'Intendant de la Rochelle écrivoit à la Cour : « Il n'y a rien qui fasse

» tant de tort à la Religion, que la
» vie licencieuse, la mauvaise con-
» duite & l'avarice des Prêtres. Ce
» sont ces vices qui autrefois ont servi
» de prétexte au Schisme : ce sont
» encore eux qui empêchent que
» ceux qui se sont séparés, ne se réu-
» nissent ».

Fénelon, que les siècles modernes peuvent opposer à tout ce que l'antiquité nous offre de plus beau dans la conduite morale, Fénelon s'exprimoit de la même manière. On sçait qu'il fut envoyé en Mission, dans la Saintonge, deux mois après la Révocation. Nous avons retrouvé presque toutes ses Relations, encore inconnues au Public, écrites de sa main & signées de lui : « Les Huguenots, écri-
» voit-il, paroissent frappés de nos
» instructions jusqu'à verser des lar-
» mes.... ; & ils nous disent sans
» cesse, *nous serions volontiers d'ac-*

» cord avec vous : mais vous n'êtes
» ici qu'en paſſant. Dès que vous ſerez
» partis, nous ſerons à la merci des
» Moines qui ne nous prêchent que du
» latin, des Indulgences & des Con-
» frairies ; on ne nous lira plus l'Evan-
» gile ; nous ne l'entendrons plus ex-
» pliquer, & on ne nous parlera qu'avec
» menaces...... Il eſt vrai » ajoute
M. de Fénelon « qu'il n'y a en ce
» Pays que trois ſortes de Prêtres, les
» Séculiers, les Jéſuites & les Réco-
» lets ; les Récolets ſont mépriſés &
» haïs, ſur-tout des Huguenots, dont
» ils ont été les Délateurs & les Par-
» ties en toute occaſion. Les Jéſuites
» de Marennes ſont quatre têtes de
» fer, qui ne parlent aux nouveaux
» Convertis, pour ce Monde, que
» d'amende & de priſon, &, pour
» l'autre, que du Diable & de l'Enfer.
» Nous avons eu des peines infinies à
» empêcher ces bons Pères d'éclater

» contre notre douceur, parce qu'elle
» rendoit leur sévérité plus odieuse,
» & que tout le monde les fuyoit pour
» courir après nous, avec mille béné-
» dictions. Mais nous avons témoigné
» tant de déférence à ces bons Pères,
» qu'ils n'ont osé se fâcher, & que
» nous sommes tous les jours chez
» eux pour entretenir une grande cor-
» respondance. Ils vivent bien, &
» sont respectés. Si, au lieu de ces
» têtes dures & chaudes, leur Com-
» pagnie veut mettre en ce lieu des
» esprits modérés & droits, ils pour-
» ront-être utiles dans tout le pays.
» Après tout il n'y a rien de si bon
» qu'eux. Pour les Curés, ils n'ont
» aucun talent de parler; & c'est une
» grande confusion pour l'Eglise Ca-
» tholique; car les Huguenots étoient
» accoutumés à avoir des Ministres
» qui les consoloient & les exhortoient
» par des paroles touchantes de l'E-

» criture.... » Il répéte souvent ces mêmes plaintes : « Ce qui manque » dans toute cette côte, ce font des » Prêtres qui ayent quelque talent » pour parler, qui édifient les Peu- » ples, & qui sçachent gagner leur » confiance ».

A ces témoignages que nous pourrions multiplier, nous n'en ajouterons plus qu'un seul. M. de Pontchartrain, Ministre d'Etat, disoit, en 1698, dans un Mémoire lu au Conseil du Roi : « On ne peut s'empêcher d'observer » que la plupart des Ecclésiastiques » n'agissent dans cette affaire, que par » faux zèle & par passion. »

Il auroit donc fallu commencer la conversion des Huguenots par la réforme &, pour tout dire, par la conversion du Clergé. Nous verrons dans la suite que ce moyen fut essayé trop tard, & dans un tems où l'entreprise étoit déjà manquée. Ces deux tentatives faites alors à la fois, échouèrent ensemble, & Louis XIV trouva ainsi dans les deux Religions les bornes de sa puissance.

La manière dont on s'engagea d'abord dans cette affaire fut bien différente. Tous les Mémoires du temps racontent que, dans l'année 1676, les gens de bien de la Cour parvinrent à séparer de nouveau les deux amants, & qu'après avoir fait cesser le scandale de leur liaison, on voulut faire cesser même le scandale de leur rupture.

« Cette rupture » dit Madame de Caylus « se fit dans un temps de Ju-
» bilé. Le Roi avoit un fond de dé-
» votion qui paroissoit même dans ses
» plus grands désordres avec les fem-
» mes. Car il n'eut jamais que cette
» foiblesse. Il étoit né sage, & si régu-
» lier dans sa conduite, qu'il ne man-
» qua jamais d'entendre la Messe tous

» les jours, que deux fois dans sa vie;
» & c'étoit à l'armée. Les grandes Fê-
» tes lui causoient de grands remords;
» également troublé de ne pas faire
» ses dévotions, ou de les mal faire.
» Madame de Montespan avoit les
» mêmes sentiments, & ce n'étoit pas
» seulement pour se conformer à ceux
» du Roi, qu'elle les faisoit paroître...
» Enfin le Jubilé, dont je viens de par-
» ler, arriva. Ces deux amants pressés
» par leur conscience, se séparèrent
» de bonne foi, ou du moins ils le cru-
» rent. Madame de Montespan vint à
» Paris, visita les Eglises, jeûna, pria,
» pleura ses péchés. Le Roi, de son
» côté, fit tout ce qu'un bon Chrétien
» doit faire. Le Jubilé fini, gagné ou
» non gagné, il fut question de sça-
» voir si Madame de Montespan re-
» viendroit à la Cour. Pourquoi non?
» disoient ses parents & ses amis même
» les plus vertueux. Madame de Mon-

» tefpan, par fa naiffance & par fa
» charge, doit y être; elle y peut être;
» elle peut y vivre auffi chrétienne-
» ment qu'ailleurs. M. l'Evêque de
» Meaux fut de cet avis. Il reftoit
» cependant une difficulté : Madame
» de Montefpan paroitra-t-elle devant
» le Roi, fans préparation ? Il fau-
» droit qu'ils fe viffent avant de fe
» rencontrer en Public, pour éviter
» les inconvénients de la furprife. Sur
» ce principe, il fut conclu que le
» Roi viendroit chez Madame de
» Montefpan; mais, pour ne pas don-
» ner à la médifance le moindre fujet
» de mordre, on convint que des
» Dames refpectables, & les plus gra-
» ves de la Cour, feroient préfentes
» à cette entrevue, & que le Roi ne
» verroit Madame de Montefpan,
» qu'en leur compagnie. La vifite fe
» fit comme il avoit été décidé; mais

» insensiblement il la tira dans une
» fenêtre. Ils se parlèrent bas assez
» long-temps, pleurèrent, & se dirent
» ce qu'on a accoutumé de se dire
» en pareil cas. Ils firent ensuite une
» profonde révérence à ces vénérables
» Matrones, passèrent dans une autre
» chambre, & il en advint Made-
» moiselle de Blois, & ensuite Mon-
« sieur le Comte de Toulouse. » Madame de Caylus ajoute que Mademoi-
selle de Blois avoit toujours dans les
yeux & dans toute sa personne, je ne
sçais quel mêlange de l'amour & du
Jubilé.

Mme de Maintenon, sur cette ca-
tastrophe, prend un ton plus sérieux.
« Je vous l'avois bien dit, que
» M. Bossuet joueroit dans toute
» cette affaire un personnage de
» dupe. Il a beaucoup d'esprit ; mais
» il n'a pas celui de la Cour. Avec

» tout son zèle, il a précisémennt
» fait ce que Lauzun auroit eu honte
» de faire; il vouloit les convertir,
» & il les a racommodés. C'est une
» chose inutile que tous ces projets;
» il n'y a que le P. de la Chaise
» qui puisse les faire réussir. Il a
» déploré vingt fois avec moi les
» égarements du Roi; mais pour-
» quoi ne lui interdit-il pas absolu-
» ment l'usage des Sacrements ? Il
» se contente d'une demi-conversion.
» Il y a du vrai dans les Lettres pro-
» vinciales. Le P. de la Chaise
» est un honnête-homme, mais l'air
» de la Cour gâte la vertu la plus
» pure, & adoucit la plus sévère ».

Le Roman qu'on a mis en tête des *Lettres de Maintenon*, sous le titre de ses *Mémoires*, déplace ce récit, le transporte au Carême de 1675, & en arrange toutes les circonstances sur d'autres événements de cette année.

Il seroit peu important de rétablir les dates, si cette Conversion peu durable, n'avoit donné occasion à des faits qui ont eux-mêmes une grande importance. Rien n'étoit plus aisé que de les fixer avec certitude : le Jubilé n'eut lieu, pour la France, qu'en 1676 : le P. de la Chaise ne fut Confesseur du Roi, qu'en Février 1675 ; & il ne seroit pas possible que, trois semaines après, M.me de Maintenon en eût parlé comme elle fait ici. Enfin M.lle de Blois, depuis Duchesse d'Orléans, naquit en Mai 1677. Ces faits bien éclaircis, voyons ce qu'il en arriva.

Le Roi, dans ce nouvel accès de dévotion, ou peut-être pour expier cette rechûte, consacra le tiers des Economats à la conversion des Hérétiques. Cette destination fut assez long-temps secrète, soit parce qu'on eût craint de jetter du décri sur les

Conversions, & de rendre suspecte la sincérité de ceux à qui l'intérêt alloit tenir lieu de conviction, soit plutôt par ce sentiment de bienséance qui dominoit dans toutes les actions de Louis XIV, & qui ne lui permettoit pas de montrer ce zèle d'Apôtre, quand toute sa conduite y répondoit si mal. Pélisson, célèbre Converti, & que ses talents avoient fait admettre à l'intime confiance de ce Prince, dont il rédigea les *Mémoires*, eut l'administration de cette caisse; il dressa les réglements pour ceux qui travailleroient sous lui. Il avertit les Evêques, qu'un moyen sûr de plaire au Roi, étoit d'envoyer de nombreuses listes de Convertis, & d'observer les instructions contenues dans un Ecrit qu'il leur adressa; il ne se chargeoit que des Conversions à faire, & déclaroit qu'il s'étoit engagé à ne point parler au Roi de celles qui étoient faites avant cette singulière époque de 1676.

Les Evêques, après avoir reçu les fonds qu'il leur faisoit passer, lui renvoyoient les listes avec le prix des Conversions en marge, & toutes les pièces justificatives, c'est-à-dire les abjurations & les quittances. Le prix courant des Conversions, dans les pays éloignés, étoit à six livres par tête de Converti. Il y en avoit à plus bas prix. La plus chère que j'aie trouvée, pour une famille nombreuse, est à quarante-deux livres. Des Commis examinoient ensuite si chaque quittance étoit accompagnée d'une abjuration en forme. D'abord, chaque Province ne fournissoit par an, que trois ou quatre-cents Convertis. Dans les entreprises ordinaires, plus la somme demandée est considérable, plus le succès semble difficile: mais les choses étant montées de

cette

cette manière, & la somme se distribuant par tête & à si bas prix, plus un Evêque demandoit d'argent, plus il montroit de ferveur. Bientôt on s'entretint à la Cour des miracles qu'opéroit Pélisson. Les Dévots eux-mêmes eurent peine à s'empêcher d'y plaisanter de cette éloquente dorée, " moins savante, disoient-ils, » que celle de Bossuet, mais bien » plus persuasive ». D'année en année, on augmenta les fonds destinés à cette corruption Religieuse, & les circonstances favorisèrent la piété du Roi; car ce fut dans ce temps-là même que l'autorité Royale décida à son profit cette question si long-temps litigieuse, du droit qu'ont nos Rois, de disposer pendant la vacance d'un Bénéfice, de tous ses revenus; ce que nous nommons, le *Droit de Régale*: expréssion ancienne, qui ne signifioit pas un droit régalien, mais un avan-

K

tage inattendu, un régal qui survenoit au Seigneur d'un fief; & peut-être cette équivoque a-t-elle beaucoup servi à légitimer le droit prétendu par nos Rois. Quoi qu'il en soit, le Clergé en corps ne tarda pas à reconnoître ce droit que, pendant plusieurs siécles il avoit opiniâtrément combattu. Oserions-nous remarquer qu'on avoit proposé de prendre sur les gros Bénéfices le prix des Conversions, & que, selon toute apparence, le plus grand nombre de ceux qui étoient pourvus, aima mieux abandonner les Bénéfices vacants, que de sacrifier un peu de ce qu'il possédoit. Mais enfin, une caisse nouvelle, & qu'on devoit naturellement destiner à des œuvres pieuses, se trouvant ainsi à la disposition du Gouvernement, fut destinée à cet achat des Conversions. On chercha tous les moyens d'en augmenter les fonds : on étendit ce droit par-tout le Royaume : on prit soin de prolonger les vacances des Bénéfices; en un mot, ce fut à cette occasion & à cette époque, que cette partie de l'Administration des biens Ecclésiastiques prit la forme qu'elle conserve encore aujourd'hui, & que Pélisson réussit à en faire une espèce de ministère. Il est fâcheux que, du moment où il fut parvenu à ce point, ses comptes ayent cessé d'être en bon ordre. Je ne veux pas jetter un soupçon d'infidélité sur sa gestion. Mais cet Homme, recommandable à plusieurs titres, le premier peut-être qui ait rendu à notre Langue une élégante & rapide simplicité, jointe au nouveau caractère de Noblesse auquel on travailloit alors à l'élever, cet Homme dont la mémoire est honorée, parce qu'étant premier Commis de Fouquet, il défendit, du fonds de sa prison, la cause de son Maître qui étoit devenue la sienne, n'a laissé que des comptes en désordre. La tradition conservée dans les Bureaux des économats, où nous avons étendu nos recherches, ne lui est pas favorable; & toutes les apparences sont que ce fameux Converti est mort dans la Foi qu'il avoit abandonnée.

De cette caisse, comparée par les Huguenots à la boëte de Pandore, sortirent en effet presque tous les maux dont ils ont à se plaindre. Il est aisé de sentir que l'achat de ces prétendues Conversions dans la lie des Calvinistes, les surprises, les fraudes pieuses qui s'y mêlèrent, & tous ces comptes exagérés, rendus par des Commis infidèles, persuadèrent faussement au Roi que les Réformés n'étoient plus attachés à leur Religion, & que le moindre intérêt suffiroit pour les engager à la sacrifier. Ce préjugé dicta presque seul les Loix que nous allons voir successivement paroître. Le

Gouvernement se flatta que toutes ces Loix ne seroient que comminatoires. Cette fausse opinion, trop légèrement prise, & trop malheureusement démentie par l'expérience, fut le seul principe de cette vaine & fameuse entreprise.

Et d'abord il fallut employer la contrainte pour retenir dans nos Eglises, la plupart de ceux qu'on y avoit attirés par une si foible amorce. Quelques fripons, à qui il n'en coûtoit qu'une abjuration pour obtenir une modique récompense, aussi-tôt qu'ils avoient escamotté le prix de leur marché, retournoient au Prêche. D'autres, après avoir reçu un léger secours sous le nom de charité, & tracé, faute de savoir écrire, une Croix pour marque au bas d'une quittance, ne croyoient pas avoir renoncé à leur culte. On renouvella donc, au mois de Mars 1679, la Déclaration contre les *relaps*; on ajouta à la peine du bannissement, celle de l'amende honorable & de la confiscation des biens. Le préambule de la nouvelle Loi en dit positivement le motif. « Nous avons été informés » que, dans plusieurs Provinces de » notre Royaume, il y en a beau- » coup qui, après avoir abjuré la Re- » ligion prétendue reformée, dans » l'espérance de participer aux som- » mes que nous faisons distribuer aux » nouveaux Convertis, y retournent » bien-tôt après ». On pouvoit, il est vrai, regarder cette nouvelle espèce de relaps comme des Profanateurs qui s'étoient joués des Missionnaires, qui avoient dérobé un prix dû à de véritables Conversions, & qui avoient trompé le Roi; mais il s'établissoit ainsi une Jurisprudence toujours plus sévère contre cette faute, & nous verrons bientôt quel étrange parti on tira des ces sévérités, en les augmentant de dégré en dégré.

Enfin, pour réunir fous un même point de vue tout ce qui concerne cette Caiffe, & montrer, dès-à-préfent, avec combien de légèreté fut conduite toute cette affaire des Converfions, difons ici d'avance, qu'on eut foin de fufpendre la nomination d'un affez grand nombre de bénéfices, pour fournir à ces premiers achats des Confciences; mais, que du moment où la Caiffe ne fut plus chargée que de payer des penfions promifes à ceux qui, en fe convertiffant, avoient perdu leurs emplois, on oublia d'y faire verfer les fonds néceffaires. Le Difpenfateur des bénéfices fe rendit moins févère, & ne fongea plus à en laiffer vaquer un affez grand nombre pour fuffire à ces engagements. La plupart de ces penfions ne furent plus payées. Ceux qui avoient facrifié leur état à leur changement de Religion, & que le Roi en avoit ainfi dédommagés tombèrent dans l'opprobre qui, par mi nous, suit toujours la misère; & cet étrange spectacle de Convertis abusés, & de Convertisseurs infidèles, doit être compté parmi les causes innombrables qui ont fait échouer cette entreprise.

CHAPITRE VIII.

PENDANT que ces choses commençoient, Madame de Montespan rendoit encore toute la Cour & toute la France, témoins de son triomphe, & sembloit toujours plus adorée. Mais la Dévotion prenoit secrétement plus d'empire sur le cœur du Roi, soit par l'amortissement des premiers feux de la jeunesse, soit par les insinuations persévérantes de Madame de Maintenon; celle-ci écrivoit, le 19 Avril 1679: « Le Roi a passé deux heures
» dans mon cabinet; c'est l'homme
» le plus aimable de son Royaume.

» Je lui ai parlé du P. Bourdaloue.
» Il m'a écouté avec attention. Peut-
» être n'est-il pas aussi éloigné de
» penser à son Salut, que sa Cour
» le croit. Il a de bons sentiments,
» & des retours fréquents vers Dieu ».
Nous allons de plus en plus faire usage
des Lettres de cette nouvelle favorite;
& nous devons observer d'abord, que
jamais on n'a jetté sur ce recueil le
plus léger soupçon d'infidélité. M. de
Voltaire ne laisse point échapper une
occasion de censurer l'Editeur : il l'accuse de mensonge dans ses propres récits. Mais il reconnoît dans les Lettres elles-mêmes, un caractère de naturel & de vérité, qu'il est presque impossible de contrefaire. Il dit
« qu'elles sont un monument bien plus
» précieux qu'on ne pense; qu'elles
» découvrent ce mêlange de Religion
» & de galanterie, de dignité & de
» foiblesse, qui se trouve si souvent

» dans le cœur Humain, & qui étoit » dans celui de Louis XIV ».

En effet, il s'en faut bien que Madame de Maintenon fût aussi mystérieuse, ou même aussi discrette, que le succès invraisemblable de son ambition pourroit le faire penser. Souvent dans ses Lettres, elle se trahit; & souvent elle y décéle volontairement ses sentiments les plus secrets. Elle avoit été accoutumée de bonne heure aux charmes des conversations les plus spirituelles, à ceux même des confidences & des plus doux épanchements du cœur. On sait que ces plaisirs, si naturels & si vrais, étoient au temps de sa jeunesse, des plaisirs de mode: & que cette mode tenoit à un goût généralement répandu pour un genre de Romans, que nous avons cessé de lire; mais de ce tour d'esprit qui peut si aisément tomber dans l'exagération, l'affectation, & dans tous ces autres ridicules, que Molière joua fous le nom des *Précieufes*, Madame de Maintenon n'en avoit pris que l'agrément, la fineffe, la folidité, une profonde connoiffance des paffions, un ufage réfléchi de tous les moyens de plaire.

Si l'Editeur de ces Lettres, au lieu de compofer de miférables *Mémoires*, pleins d'erreurs, & d'anachronifmes, avoit pris foin de ranger les Lettres elles-mêmes dans leur ordre chronologique, ce qui n'eût pas été difficile, en suppléant par le fujet au manque de date, comme nous l'avons déjà fait fûr quelques-unes, il feroit peu de lecture plus agréable & plus inftructive. Il n'en eft point dans l'Hiftoire, ni dans les Romans qui contienne une aventure plus étonnante, & où l'on puiffe mieux étudier le cœur Humain, & pénétrer dans fes plus fecrets replis. On la verroit s'élever de la maifon d'un Poëte burlesque, & de l'intime société d'une femme galante, de la célèbre Ninon, à l'intimité du Monarque le plus occupé des bienséances du Trône, d'un Monarque si imposant au milieu de sa Cour, & qui sembloit toujours si maître de lui-même, que, suivant la remarque des plus fins observateurs, on n'apperçut quelque altération sur sa physionomie, qu'une seule fois dans le cours d'un si long règne. Nous l'avons déjà vûe, à l'instant même où, pour la première fois, elle approcha du Roi, en reconnoître le caractère avec la plus heureuse sagacité, & donner à la favorite les plus adroits & les plus sages conseils. Nous la voyons maintenant se saisir du rôle que celle-ci n'avoit pas eu la force d'embrasser. Toujours attentive à plaire par la Piété, bientôt elle blâmera la piété trop rigide, & voudra qu'on attende tout du temps, c'est-à-dire, des progrès lents qu'elle fera elle-même sur le cœur de ce Prince. Continuons à recueillir ainsi dans ses Lettres les rapports évidents & nécessaires qui s'y trouvent avec les recherches qui nous occupent; ils en deviendront, à-la-fois, l'explication & la preuve.

Après la lettre que nous venons de citer, elle écrit, le vingt-huit Octobre de la même année (1679): « Le » Roi est plein de bons sentiments; » il lit quelquefois l'Ecriture Sainte, » & il trouve que c'est le plus beau » de tous les Livres. Il avoue ses foi- » blesses : Il reconnoît ses fautes : il » faut attendre que la Grâce agisse. » Il pense sérieusement à la conver- » sion des Hérétiques; &, dans peu » on y travaillera tout de bon. » Pourroit-on maintenant s'obstiner à douter de ce que nous avons déjà prouvé, que cette entreprise fût une acte de dévotion, & non pas une affaire de politique. Ces preuves vont se multiplier à l'infini. Dans toutes les sévérités que nous verrons bientôt exercer contre les Protestants, dans les préambules de tant de Déclarations, d'Arrêts, d'Edits rigoureux, nulle part enfin on ne trouve un seul reproche contre leur fidélité. Dans aucun des Mémoires faits à cette époque, & conservés dans les Archives du Gouvernement, on ne les peint comme un parti dangereux.

Aucun ne porte, ni l'accusation la plus légère ni la moindre vue politique: ce n'est pas un parti qu'il faut affoiblir: ce n'est même pas une Hérésie dangereuse qu'on veuille extirper: ce sont des sujets errants qu'il faut convertir.

On ne tarda pas à envoyer de toutes les Provinces du Royaume des états détaillés sur leur nombre, sur leurs richesses, sur leurs dispositions. Ils y étoient indiqués par noms, par familles, par métiers; on y joignoit souvent des notes particulières sur le caractère personnel de quelques-uns d'entr'eux, sur leurs liaisons intimes : dans aucun de ces états, ils ne sont accusés d'aucune intrigue, d'aucune mauvaise disposition contre le Gouvernement, d'aucune liaison suspecte ; mais de ce que leur cimetière est trop voisin de celui des Catholiques ; de ce qu'ils chantent les Pseaumes à voix trop haute ; de ce que leurs cloches les appellent au Temple, dans le même temps que les cloches des Catholiques appellent aux Eglises. Ceux qu'on veut noter comme des hommes dangereux, c'est uniquement parce qu'on les suppose opiniâtres dans leur croyance. On va jusqu'à leur faire un tort d'être charitables entre eux, & de veiller avec soin à l'instruction & aux mœurs de leur jeunesse. Les éloges que Louis XIV lui-même avoit constamment donnés à leur fidélité, ne permettoient pas de les inculper; & c'est précisement parce qu'ils ne formoient plus une faction dans l'Etat, qu'on ne craignit pas de les traiter avec une rigueur qui passa bientôt toutes les bornes de la justice.

Ces notes même envoyées de toutes parts sur leur nombre, sur leurs professions, sur leurs richesses, ne tiennent à aucun plan général que le Gouvernement eût formé pour s'en instruire. Vous ne trouverez point, quelles que soient vos recherches, un dénombrement formel, ce qui eût dû précéder l'exécution d'un grand projet. Ce ne sont que des feuilles éparses, isolées, infidéles ou suspectes, envoyées sans qu'on les eût demandées, & telles que les dictoit, tantôt dans une ville, tantôt dans une autre, le zéle de quelques Convertisseurs. Nous l'avons déjà dit : on ne sçavoit pas dans ce temps-là, avec plus de
justesse,

justesse, à combien se montoit le nombre de cette infortunée Tribu, qu'on ne le sçait aujourd'hui. On ne s'en informoit pas. En un mot, à l'époque même où nous sommes parvenus, il n'y avoit encore aucun dessein général, aucun plan, aucun ensemble.

Les Archives les plus secrétes, & les événements publics se trouvent également d'accord sur cette époque avec les deux lettres de Madame de Maintenon, que nous venons de citer. Ce fut alors que le Secrétaire d'Etat Phélypeaux de Châteauneuf, instruit des pieuses intentions du Roi, mais trop jeune encore lui-même, & trop inexpérimenté, consulta à la hâte, sur la manière d'accélérer les conversions, ceux qui connoissoient le mieux les Provinces les plus infectées de l'Hérésie. Châteauneuf avoit le même département qu'avoit eu la Vrillière son père, les affaires générales de la R. P. R.

L

Ce département que Louis XIV, en commençant de régner, avoit jugé ne contenir rien d'important, & pouvoir être exercé par le moins capable de ſes Secrétaires d'Etat, alloit être chargé de l'affaire la plus importante du Royaume. L'homme de la plus ſingulière ſagacité auroit à peine ſuffi pour choiſir entre les différents projets qu'alloit ſuggérer le zéle Apoſtolique, toujours confiant, parce qu'il ſe croit toujours ſecondé par la puiſſance Divine.

Ce Châteauneuf reſta vingt-cinq ans en place avec le peu de conſidération que nous avons vue de nos jours à cette branche de Phélypeaux, dont la deſtinée a été ſingulière. Elle avoit enlevé la charge de Secrétaire d'Etat à ſa branche cadette : elle s'y eſt maintenue un ſiécle & demi, ſans faveur, mais ſans diſgrâce, & ſans qu'aucun d'eux ait montré même les plus médiocres talents. On en peut juger par la situation déplorable & si embarrassante pour le Royaume, où se trouvent réduites en France les affaires de la R. P. R., uniques affaires qui, pendant la plus grande partie de ce long intervalle, ayent composé presque tout le département de cette branche. Au contraire, la branche cadette exposée à plus de vicissitudes, est la seule qui ait produit des hommes distingués, tels que le Chancelier de Pontchartrain, & son petit-fils dont nous avons vu la vieillesse honorée par la confiance de Louis XVI.

Châteauneuf, dans ses premières années, avoit été voué à l'Eglise; il avoit récemment abandonné cette vocation pour être fait Secrétaire d'Etat; &, à cette époque où Madame de Maintenon nous apprend que le dessein du Roi étoit de travailler incessamment à la conversion des Hérétiques, Châteauneuf se pressa d'écrire dans les Provinces pour s'informer des moyens les plus propres à accélérer les conversions. Il demanda les réponses les plus promptes; & l'on trouve dans les archives de ce Département, deux Mémoires très-remarquables, dans l'un desquels on commence en effet par se plaindre du peu de temps qu'on a eu pour répondre. Ces deux Mémoires réunis contiennent la plus grande partie de ce qu'on vit exécuter cette année & les années suivantes.

Mais ce qui est bien plus remarquable, ces deux Mémoires, d'accord entr'eux sur quelques points, sont infiniment différents dans leurs principes. Il s'en falloit bien, en effet, que les disputes du Jansénisme & du Molinisme, malgré cette conciliation qu'on avoit appellée, la *Paix de l'Eglise*, fussent véritablement éteintes. Chacun des deux Partis, perſiſtoit dans la haine qu'ils ſe portoient mutuellement. Chacun des deux continuoit à regarder ſes adverſaires comme dévoués à l'anathême, & nourriſſoit en ſecret l'eſpérance d'attirer tôt ou tard ſur eux le reproche d'Héréſie & les foudres de l'Egliſe. Des Hommes, également reſpectables par leurs vertus, par leurs talents & par leurs lumières, conſervoient en ſilence leurs pieuſes animoſités. Cette haine les conduiſoit à des opinions inconciliables, & leur ſilence forcé entretenoit ſeul une paix apparente. On ne le ſait que trop; mais ce qu'on a ignoré juſqu'ici, c'eſt qu'à l'inſtant même où Louis XIV s'occupa ſérieuſement de convertir les Calviniſtes, dès que ſes Miniſtres demandèrent ſecrétement des conſeils ſur ce ſujet, chacun des deux Partis qui diviſoient ainſi l'Egliſe Romaine, voulut s'emparer de ces converſions, proposa une méthode différente, songea à les convertir à sa manière, & ambitionna d'ajouter à ses anciens Prosélytes ces nouveaux Catéchuménes & un si nombreux Troupeau.

Dans aucun des deux Mémoires, on ne proposoit de révoquer l'Edit de Nantes ; & ceux même que leurs principes devoient conduire à l'intolérance, ne parloient point d'une persécution. L'observation de l'Edit, mais stricte, littérale & gênée, étoit des deux parts le point d'où l'on partoit. Mais l'un des deux se fondoit presque uniquement sur les fréquentes instructions que le Clergé devoit répandre, & sur les exemples édifiants qu'il devoit donner : l'autre, au contraire, sur un usage ferme & perpétuel de l'autorité Souveraine. Le premier étoit dicté par cette piété austère qui tenoit aux principes de Port-Royal, mais que son austérité même conduisoit à une sorte de tolérance Chrétienne, parce que, suivant cette Doctrine, il vaut mieux rester hors de l'Eglise, que d'y entrer sans une sainte disposition. Dans ce Mémoire on déplore le relâchement du Clergé Catholique ; on n'y propose d'employer l'autorité du Roi, que pour exciter le zèle des Evêques. On veut sur-tout qu'on évite dans les Prédications les sujets de Controverse, qu'on s'attache à bien faire connoître les vérités morales de l'Evangile ; mais avant tout, qu'on produise quelque heureux changement dans les mœurs des Catholiques, afin d'opérer la conversion des Calvinistes par l'édification & l'exemple.

Quant aux moyens humains, ce sont les expressions que le Mémoire employe, il veut que, sans violence, sans injustice, on prive les Calvinistes de plusieurs grâces, dont le Roi est l'unique dispensateur, & que le Clergé, dans son Assemblée prochaine, destine un fonds de cent mille écus en faveur des nouveaux Convertis; mais que ce fonds soit prélévé sur les gros Bénefices & non sur les petits qui ne sont, dit-il, que déjà trop chargés; il recommande de ne point apporter de précipitation dans cette affaire. « Il est à observer, ajoute-t-il, que, » quand on approuveroit ces propositions, il ne seroit pas à propos de les » exécuter toutes présentement ni à la » fois, mais qu'il les faudroit prendre » les unes après les autres, selon que » la prudence & les conjonctures » l'indiqueroient ».

Ce *Mémoire* étoit l'ouvrage de M. d'Aguesseau, Intendant de Languedoc, Magistrat chéri de M. Colbert, & célèbre par les grands Etablissements qui, en vivifiant cette Province, ont honoré la France. Sa piété tenoit aux principes de Port-Royal, & il parvint dans la suite, mais un peu tard, à les faire prévaloir dans la conduite du Gouvernement, à l'égard des Calvinistes.

Le second *Mémoire*, dicté par les principes qu'on a reprochés au Parti opposé, ne portoit pas, dans la même entreprise, tant de circonspection, de prudence & de lenteur. Il s'occupoit plus d'étouffer à la hâte l'Hérésie, que de convertir les Errants. Il se servoit de l'autorité du Roi bien plus que des instructions du Clergé. Il proposoit plusieurs Edits sévères, entre autres la suppression des Chambres mi-parties, que les Protestants conservoient encore, & leur expulsion de tous leurs emplois dans les Fermes du Roi. On y attribuoit à la pauvreté des Ecclésiastiques, le peu d'instruction qu'ils donnoient au Peuple; & on y proposoit, comme un moyen de conversion, d'augmenter le revenu des Jésuites : « Les Réglements qu'on peut » faire, dit ce *Mémoire* en finissant, ne » produiront aucun fruit, si tous les » Officiers du Roi ne prennent un » grand soin de punir sévèrement » toutes les contraventions ». Ainsi, dès les premières délibérations sur cette affaire, on y remarque cette diversité d'opinions qui, aussi-tôt après la Révocation de l'Edit de Nantes, apporta tant d'incertitude dans la conduite du Gouvernement, & occasionna, comme nous le verrons, plusieurs révolutions successives.

Combien la Fortune n'usurpe-t-elle pas d'influence sur les évènements mêmes qui devroient être hors de son pouvoir ? Des circonstances absolument étrangères, éloignèrent alors du Conseil M. de Pompone, ami, parent & Disciple des Solitaires de Port-Royal, qui eût soutenu les opinions modérées; qui, dans les Provinces soumises à son Département, se conduisoit par ces mêmes maximes; & qui ne fut rappellé au Conseil du Roi que plusieurs années après la Révocation.

CHAPITRE IX.

LA Cour, sans embrasser précisément ni l'un ni l'autre de ces deux systêmes, & sans avoir encore aucun plan fixe, adopta, par la pente naturelle de notre Gouvernement, les moyens qui promettoient, en apparence, un succès prompt & facile. Un des premiers actes de ce nouveau période, fut la suppression des Chambres mi-parties dans les Parlements des Provinces Méridionales, proposée dans le second des *Mémoires* que nous venons d'analyser: & l'on ne pourroit trop louer la sagesse de cette suppression, si elle avoit eu pour objet d'effacer jusqu'au souvenir des anciennes animosités. La diversité des opinions sur le Purgatoire, sur le Culte des Images & la Présence Réelle, ne doit pas être, pour les Citoyens d'une même Monarchie, une raison d'avoir des Tribunaux différents. Les Réformateurs de la Justice avoient demandé cette suppression, il y avoit dix ans. Leurs sages raisons n'avoient pu alors l'obtenir. On y détermina le Roi, par un nouveau *Mémoire*, qui est conservé dans les Archives. Ce qui est très-étrange, c'est qu'il ne contient que des motifs religieux, uniquement relatifs aux conversions, & pas une seule considération politique. Le principal motif, exposé sous les yeux de ce Prince, est qu'un nouveau Converti sera mis en procès par le resfentiment de quelque Huguenot; que ce procès fera néceffairement porté devant la Chambre de l'Edit, & que le nouveau Converti, regardé par les Juges Calviniftes comme un déferteur, ne pourra en efpérer aucune juftice.

Cette fupreffion ne portoit aucune atteinte à l'Edit de Nantes ; & l'on s'attache fur-tout à le démontrer dans ce *Mémoire*. Voici en effet les propres mots de cette ancienne Loi : « Vou-
» lons que lefdites Chambres foient
» réunies & incorporées en iceux Par-
» lements, en la même forme que les
» autres, quand les caufes qui nous
» ont mus d'en faire l'établiffement
» cefferont & n'auront plus lieu entre
» nos Sujets; & feront, à ces fins, les
» Préfidents & Confeillers de ladite
» Religion, nommés & reçus pour
» Préfidents & Confeillers defdites
» Cours ». On fatisfit à ce vœu de

la Loi; & ils furent incorporés dans les Parlements dont ils étoient Membres.

Le Réglement qui les exclut de tous les Emplois dans les Fermes du Roi, également demandé dans le second *Mémoire* que nous avons analyſé, ſuivit de près la ſuppreſſion des Chambres mi-parties. On ſçait avec combien de peine M. Colbert conſentit à ce Réglement, & vit ſortir des Finances une multitude d'hommes dont il aimoit la probité & la modeſtie. Nous n'attribuerons pas à la ſeule ſageſſe de leur conduite l'obſervation ſuivante: mais enfin c'eſt une choſe remarquable que, ſous l'Adminiſtration de Colbert, les Financiers n'étoient plus un objet de haine publique par leurs rapines, ni de ridicule par leurs indécentes profuſions. Liſez tous les Satyriques de ce temps-là. Voyez, par exemple, le *Théâtre de Molière;* vous n'y en trouverez pas un seul sur la scène. Quand La Fontaine dit dans ses Fables :

> Nous ne trouvons que trop de mangeurs ici bas ;
> Ceux-ci sont Courtisans ; ceux-là sont Magistrats,

l'occasion étoit belle pour citer les Financiers. Il n'en dit pas un mot. Mais, dans la suite & quand les temps furent changés, son Commentateur les y ajouta dans une Note. Ce silence des Satyriques sur les Financiers, pendant les années où le plus grand nombre de ces Emplois étoit possédé par les Protestants, n'est-il pas infiniment honorable pour eux. Ce fut après leur expulsion qu'on vit se reproduire les scandaleuses fortunes que vous trouverez notées dans La Bruyère; &, quelques années plus tard, arriva le temps des *Turcarets*, dont le période précedent n'avoit fourni aucun modèle.

On voit ici sur-tout comment la conduite du Gouvernement tenoit au funeste préjugé qu'avoit donné la prétendue facilité des premières conversions, à cette fausse persuasion que les Calvinistes étoient si peu attachés à leur Religion, qu'il suffiroit d'un léger intérêt pour les engager à la sacrifier. Le Gouvernement, sans le vouloir & sans le prévoir, destitua des Emplois où la probité est le plus nécessaire, des hommes qui s'y étoient distingués par cette probité même, & les en destitua au moment où l'embarras des Finances commençoit à se faire sentir.

Ainsi le zèle du Roi pour la conversion des Huguenots devenoit, de jour en jour, plus manifeste; &, sous un Prince à qui tout cherchoit à plaire, dont un seul mot, un seul regard étoit pour les plus Grands de sa Cour une distinction flatteuse, & répandoit

répandoit une sorte d'illustration sur toute la vie d'un simple Particulier, il étoit impossible que son désir connu n'excitât pas un mouvement universel. Tous les ambitieux qui prenoient part à l'Administration, affectèrent aussi-tôt la passion du Maître ; & si, dans le temps même où la Cour vouloit le plus être juste, l'esprit général s'étoit rendu plus fort que les Loix, s'il avoit souvent contrarié ou entraîné le Gouvernement, que fut-ce donc quand cette intention du Roi eut commencé de se produire? L'émulation, en un instant, gagna tout le Royaume. Tout y devint Apôtre & Missionnaire. Intendants & Commandants de Provinces prennent aussi-tôt sur eux le salut des ames, & chargés d'abondantes aumônes & de faveurs de tout genre pour ceux qui se convertiront, ils croyent faire d'autant mieux leur cour, que les listes de leurs Convertis seront les plus nombreuses. La plupart des Evêques, dans le dessein de flatter la piété du Roi, les Ecclésiastiques du second Ordre, dans le dessein de plaire aux Evêques, ou même de faire quelque bruit à la Cour, pour peu qu'ils y ayent de relations, ne se font point scrupule d'acheter, à l'envi les uns des autres, & de recevoir des abjurations feintes ou précipitées; & non-seulement l'intolérance & le Fanatisme qu'une sage Police, & la crainte des désordres passés avoient eu jusques-là tant de peine à contenir, brisèrent enfin toutes leurs entraves, mais l'ambition, l'intérêt, la vanité, tout s'en mêla. « *Dieu*, disoit-on, *se sert de tout* » *moyen* », & la Doctrine des Jésuites prévalut alors sur le systême opposé, non qu'ils eussent réellement tout le crédit qu'on leur supposoit, mais parce qu'elle sanctifioit cette précipitation même; & cette Doctrine fut au contraire pour eux, dans ces étranges conjonctures, un moyen d'afsûrer & d'accroître leur crédit.

Il y avoit eu, de temps à autre, quelques Temples abattus, d'après les Ordres de la Cour intervenus fur les Arrêts de partage des Commiſſaires; car il faut remarquer que les Commiſſaires des deux Religions, envoyés dans les Provinces pour réparer les infractions faites à l'Edit de Nantes, continuoient encore à remplir cette fonction. Le pouvoir qu'ils avoient reçu au commencement du Règne, portoit: « Que le deſſein
» du Roi étoit de faire vivre ſes Sujets
» en paix, par l'obſervation des Edits ».
Ils étoient chargés « De recevoir les
» plaintes tant des Réformés que des
» Catholiques, d'y pourvoir comme
» ils le trouveroient juſte pour le
» ſervice du Roi & pour le repos des
» Sujets, & de renvoyer au Conſeil
» les choſes dont ils ne pourroient

» convenir ». D'abord les Arrêts du Conseil, quand les Commissaires s'étoient trouvés d'avis différents, avoient eu beaucoup d'équité. Peu à peu l'on avoit laissé prévaloir un usage contraire à toute justice. Le plus grand nombre des Commissaires Catholiques, ayant été choisis parmi les Conseillers d'État, en avoient pris droit de faire eux-mêmes au Conseil du Roi, le rapport de toutes les questions où ils n'avoient pas été de même avis que leurs Collègues; & il est évident que le Conseil avoit dû presque toujours céder à un avis entendu de vive-voix & sans contradiction. Ces questions, tombant la plupart sur l'érection des Temples, les Commissaires Catholiques parvenoient chaque année à en faire démolir quelques-uns. Toutefois il y avoit eu sur ces contestations, quoique soutenues d'une manière si inégale, plus d'un Arrêt impartial; mais, à cette nouvelle époque, le plus léger prétexte suffit pour contester aux Protestants de chaque District, le droit d'y exercer publiquement leur Religion; &, dès cette année 1679, on fit démolir vingt-deux Temples, &, d'année en année, un plus grand nombre encore.

Voilà comment ces Commissions, qui, vingt ans auparavant, avoient été accordées dans l'esprit de la plus exacte équité, changèrent enfin de nature quand la dévotion eut pris plus d'ascendant sur le cœur du Roi, & servirent le plus à la ruine entière du culte Calviniste. De leur côté, les Intendants des Provinces, à mesure qu'il paroissoit une Loi nouvelle, cherchoient à trouver les Protestants de leur Généralité en contravention à cette Loi, afin d'en prendre droit de faire démolir le Temple où s'étoit commise la contravention réelle ou prétendue. On négligeoit cependant d'instruire de notre Foi, ceux à qui on enlevoit toutes les pratiques extérieures de leur Culte. On renversoit leurs Temples avant de leur avoir inspiré aucun des sentimens qui les eussent ramenés dans nos Eglises. Ce fut ainsi qu'on s'engagea de toutes parts dans cette entreprise, avec cette précipitation naturelle à la Nation Françoise, avec cette inconsidération qui souvent en France a fait échouer les plus justes desseins & les plus heureusement commencés, & sur-tout avec une émulation empressée & jalouse de contribuer à satisfaire la piété du Prince. Chacun travailloit à imaginer des moyens prompts, qui lui donnassent auprès du Roi le mérite de quelque avantage remporté sur l'Hérésie. Dans un dessein qui eût exigé une grande sagesse, de la patience, de bons exemples, & de simples encouragements, on ne songea qu'à acheter, séduire, entraîner. Un apparent succès entretint l'illusion,

& dès l'année 1680, l'Assemblée du Clergé ne prit plus le ton des plaintes; son discours fut de remercîment & de louange. Il se flatta du bonheur de voir l'Hérésie mourir aux pieds du Roi. Le but étoit par-tout le même; mais il n'y avoit point encore de projet fixe, de plan déterminé. Chaque Intendant cherchant à se faire valoir, proposoit, suivant les circonstances différentes & locales que chacun avoit sous les yeux, de restreindre tel ou tel Privilège; &, sur chaque demande particulière, la Cour rendoit une Déclaration générale. L'un demanda d'ôter aux Réformés le droit d'être expert : un autre d'interdire aux femmes Protestantes, les fonctions de Sages-Femmes, « parce que, disoit-il » elles ne croyent pas » le Baptême nécessaire; qu'elles n'on- » doyent pas les enfants,& n'avertissent » pas les femme en péril ». Celui-ci proposa d'accorder à tous les nouveaux convertis, surséance pendant trois ans au paiement de leurs dettes: celui-là, de les exempter pour deux ans de la Taille, & de doubler celle des Huguenots: un autre d'ôter toute distinction de siège dans les Temples, afin qu'il n'y eût plus que des bancs, & que l'incommodité d'y assister au prêche, & la confusion des rangs en éloignassent les Gentils-Hommes: un autre, de réduire les exercices personnels, que les Seigneurs de Fiefs avoient dans leurs Châteaux.

Le vice de cette précipitation entraînoit à des sévérités plus grandes que d'abord on ne l'avoit cru. Un Procureur, ou un Notaire qui s'étoit converti, perdant aussi-tôt toutes ses pratiques, & voyant son Etude abandonnée « si l'on ne considère que la Justice, » disoit l'Intendant qui fut consulté sur ce point « il faut laisser les autres dans » leurs emplois, & subvenir par des

» dédommagements aux besoins du » nouveau Converti ; mais si l'on re- » garde uniquement le bien de la Re- » ligion, il faut supprimer tous les » autres » ; &, sur ce raisonnement ils furent tous supprimés.

On nous pardonnera sans doute de rechercher avec une soigneuse discussion, & avec l'impartialité d'un Historien qui applaudit à la piété de Louis XIV, les causes qui ont fait échouer son dessein. Ce malheur est évident: plus d'un million de Calvinistes qui restent encore en France, ne l'attestent que trop. C'est servir le Roi & le Royaume que d'examiner par quels moyens on avoit véritablement avancé l'ouvrage des conversions, & par quelles fautes on l'a manqué.

Dans cette multitude de Loix dictées par une précipitation si dangereuse, il y en eut de totalement contraires au but même qu'on se proposoit.

Parmi les moyens employés depuis plus d'un siécle pour favoriser la Religion dominante, on avoit surtout compté les mariages mixtes: & certes, la Religion Catholique n'avoit qu'à gagner à permettre aux Protestants d'entrer dans des familles Catholiques, puisque la Religion favorisée dans le Royaume sera toujours embrassée de préférence, par les enfans nés de ces mariages. Si la Doctrine de l'Eglise a quelquefois varié sur ce point, qu'on y prenne garde : ils n'ont été proscrits par les Docteurs, que quand la Religion Catholique n'étoit pas la plus favorisée dans le Gouvernement.

Mais, comme on s'exposoit à de fausses conversions, la défiance se joignant au zéle, il fallut empêcher les nouveaux convertis de s'unir par des mariages aux familles qui restoient dans l'erreur, de crainte que dans l'intérieur de leurs maisons, on ne leur fit honte de leur foiblesse; & rien ne prouve mieux les vices de la précipitation dont on avoit usé. On se trouva réduit à réprouver les vrais moyens qui avoient réussi jusques-là, parce qu'on avoit commencé à en employer de défectueux.

On parut aussi respecter trop peu la Religion qu'on vouloit rendre générale dans le Royaume. Un Intendant de Province ayant proposé d'obliger les pères & les mères à donner une pension alimentaire à chacun de leurs enfants qui se convertiroient, il fut stipulé le 17 Juin 1681, que les enfants auroient droit de se convertir à l'âge de sept ans; & on ajouta à cette Loi toutes les clauses qui devoient priver les parents de leur autorité. N'étoit-ce pas jetter une sorte de ridicule sur les conversions, blesser les droits de la puissance paternelle, donner à des enfants mal-nés un prétexte pour s'y souftraire, violer la morale pour conduire à la Religion. Cette Loi odieufe étoit même inutile : elle ne pouvoit concerner que les gens d'une fortune aifée : & les moyens précédents avoient fuffi pour ces familles. Mais on chercheroit en vain un plan uniforme & raifonné dans ce ramas de Loix fucceffives, émanées de cette émulation mutuelle des Intendants, dictées dans chaque lieu par quelque circonftance particulière & locale, & rendues auffi-tôt générales partout le Royaume.

Toutes les propofitions que leur fuggéroient, à l'envi les uns des autres, le zèle de la Religion & celui de plaire au Roi, n'étoient pas toujours acceuillies; mais, quand l'ardeur indifcréte d'un Intendant le portoit à ufer d'avance de fon autorité, & à rendre dans fa Province un Arrêt provifoire, la Cour qui blâmoit quelquefois cet excès de zèle, craignoit cependant de le désavouer, de peur de paroître reculer, & de confirmer, par-là, dans leur obstination ceux qui refusoient de se convertir.

Un grand nombre de ces hommes ambitieux s'arrogèrent donc, à cette occasion & sous un Gouvernement si éclairé & si vigilant, plus de pouvoir que le Gouvernement même ne leur en avoit jusques-là donné. Tout sortit du cours ordinaire des Loix. Le poids des autorités subalternes fut partout aggravé. Le succès qu'on attendoit de leurs décisions prématurées, leur obtenoit le suffrage du Roi & de son Conseil; & peut-être cette époque est-elle fort remarquable dans l'Administration Françoise, par le singulier accroissement que reçut ce pouvoir des Intendants déjà si redouté. Nous les verrons désormais chargés, presque seuls, de tout conduire, de convaincre les esprits, de toucher les cœurs, & d'opérer tous les miracles de ces conversions.

CHAPITRE X.

LA Guerre, la Marine, les Affaires étrangères & les Affaires générales de la Religion prétendue reformée, composoient alors les principales divisions de Départements entre les quatre Secrétaires d'Etat. La plupart de ceux qui occupèrent successivement ces grandes places, s'efforcèrent constamment sous ce régne, d'étendre leur autorité, d'agrandir leur administration. Le seul Marquis de Châteauneuf, dans l'espoir d'obtenir auprès du Roi plus de crédit & de faveur qu'il n'en obtint jamais, s'attachoit à ruiner le Département qui étoit en quelque sorte, l'hétitage de sa famille, à détruire cette belle partie de l'Administration intérieure du Royaume, à laquelle étoit confié le soin d'y maintenir la tolérance; & il ne tarda pas à s'affliger de n'en plus conserver qu'une vaine ombre.

Il n'eut pas même l'honneur des succès imaginaires qui satisfirent pour un temps la piété du Roi. Le premier qui partagea avec lui tous les soins du Prosélytisme, fut le Secrétaire d'Etat qui avoit les *Affaires Ecclésiastiques*. Ce concert devenoit indispensable à mesure que les conversions devenoient plus nombreuses. Colbert qui joignoit à la Marine, la Surintendance des bâtiments, le Contrôle général, la Maison du Roi, la Ville de Paris & le Clergé, avoit abandonné à Seignelai son fils, reçu en survivance de sa Charge, cette dernière partie de ses vastes Départements. Tout ce qui se faisoit alors étoit bien loin d'avoir son suffrage. Tant qu'il avoit conservé la principale influence dans les Conseils, la tolérance avoit été respectée. Mais il n'étoit plus en état de résister au torrent qui alloit tout entraîner. Il commençoit à lutter avec trop de difficulté contre les intrigues & les calomnies. Il tomboit dans une défaveur voisine de la disgrâce & dans des chagrins qui, selon toute apparence, accélérèrent sa mort. Toutefois il ne craignit point d'annoncer le mauvais succès, le danger même de cette imprudente tentative; mais on regardoit ces fâcheux présages comme l'impuissante ressource d'un Homme qui sent son crédit baisser, qui, ne pouvant plus faire écouter ses avis, en appelle aux événements, & dont les conjectures chagrines ne prouvent que son ressentiment & son dépit.

Il s'établit entre Seignelai & Châteauneuf

teauneuf une correspondance dont il reste quelques monuments dans les Archives. Les Loix relatives aux nouveaux Convertis, émanoient de Seignelai ; celles qui avoient plus particuliérement les Réformés pour objet, émanoient de Châteauneuf. Ces limites n'étoient pas toujours bien distinctes ; mais le concert des deux jeunes Secrétaires d'Etat n'étoit point troublé par leur émulation.

Louvois, qui avoit tant contribué aux prodiges de ce régne, voyoit avec douleur changer tout l'aspect de la Cour. Il paroissoit redouter les autres changements que faisoit prévoir cette dévotion naissante. Ne blâmons de si grands Ministres qu'avec une circonspection timide. N'oublions pas que cette perpétuelle émulation de Louvois contre tous ses Collégues, avoit été jusques-là, pour ce Royaume, une source de prospérité & de grandeur. Il commença par ne rien négliger pour détourner le Roi de ces tristes soins. L'amour des conquêtes, le goût de la magnificence & de tous les plaisirs de l'esprit étoient autant de nœuds qui attachoient ce Prince à Madame de Montespan : & , tout le tems que cette Femme altière, mais séduisante, eut quelque part dans le Gouvernement, Louis régna avec orgueil, mais avec gloire ; son Nom fut la terreur de l'Europe, mais sa Cour en fut le modèle. Louvois s'efforçoit de le ramener vers ces passions brillantes. Dans les fréquentes ruptures des deux Amants, tourmentés l'un & l'autre par des scrupules qui renaissoient sans cesse, ce n'étoit point leur dévotion, c'étoit leur amour qu'il s'attachoit à favoriser : Les deux Enfans nés pendant ces alternatives d'amour & de dévotion, & qui ne pouvoient plus être confiés à la complaisance de Madame de Maintenon, furent confiés à celle de Louvois & de son Intendant. Les deux Amants étoient-ils séparés, il cherchoit à leur procurer quelqu'occasion de se revoir, au risque même de déplaire au Roi, autant qu'un soin pareil peut déplaire à un homme qui aime encore. Ecoutons Madame de Maintenon elle-même. « M. de » Louvois a ménagé à Madame de » Montespan un tête-à-tête avec le » Roi. On le soupçonnoit depuis » quelque temps de ce dessein; on » étudioit ses démarches; on se pré- » cautionnoit contre les occasions; » on vouloit rompre ses mesures; » mais elles étoient si bien prises, » qu'on a enfin donné dans le piége ». Elle mande le 23. Août 1680. « Cet » éclaircissement a raffermi le Roi; » je l'ai félicité de ce qu'il a vaincu » un ennemi si redoutable; il avoue

» que M. de Louvois est un homme plus
» dangereux que le Prince d'Orange ».
Mais elle écrit ensuite. « Elle s'est
» racommodée avec le Roi; Louvois
» a fait cela : elle n'a rien oublié pour
» me nuire ».

Vous verrez dans les *Souvenirs de Caylus*, combien Madame de Maintenon eut à craindre la réunion de Madame de Montespan, du Duc de la Rochefoucauld, & de M. de Louvois. « Leur principale vue, dit-
» elle, fut de perdre Madame de
» Maintenon, & d'en dégoûter le
» Roi; mais il s'y prirent trop tard.
» l'estime & l'amitié qu'il avoit pour
» elle avoient déjà pris de trop fortes
» racines...... J'ignore les détails de
» cette Cabale, dont Madame de
» Maintenon ne m'a parlé que très-
» légèrement, & seulement en per-
» sonne qui sçait oublier les injures;
» mais qui ne les ignore pas ».

C'étoit le temps où Louvois parvenoit à une puissance presque absolue. Son père étoit à la tête de la Magistrature : son frère à la tête du Clergé : lui-même conduisoit le Département de la Guerre : Une de ses filles avoit épousé le fils du Duc de la Rochefoucauld que Louis XIV regardoit comme un favori. Il établissoit à Metz & à Brisach, ce Tribunal qui devoit dépouiller d'une partie de leurs Etats tous les Princes de cette frontière. Colbert, si long-temps son émule, étoit dans la défaveur : & cependant une affaire occupoit uniquement le Roi, & Louvois n'y jouoit aucun rôle. Lui qui, dans les approches d'une disgrâce, causée, à ce qu'il paroit, par la lente vengeance de Madame de Maintenon, disoit: « Je ne sçais s'il se con- » tentera de m'ôter mes charges, ou » s'il me mettra dans une prison ; tout

» m'est indifférent, quand je ne serai » plus le maître ». Il voyoit deux jeunes Secrétaires d'Etat, traiter seuls les affaires de Religion qui commençoient à prevaloir dans le cœur du Roi sur toutes les autres, & s'insinuer ainsi dans sa confiance.

Dès qu'il reconnut l'impossibilité de s'opposer à ce nouveau penchant, il sçut non-seulement, trouver moyen de s'immiscer dans les Conversions, mais il parvint à s'emparer de la Conversion générale du Royaume.

Cette entreprise paroissoit difficile sous un Prince attentif à contenir chacun de ses Ministres dans les limites de leur propre Département. Ceux à qui l'administration de quelques Provinces, donnoit des rapports nécessaires avec les Réformés, ne décidoient, relativement à eux, que des cas particuliers. Le Secrétaire d'Etat, qui avoit l'administration de leurs affaires générales, avoit seul le droit de faire les Réglemens généraux. Voici comment les conjonctures servirent l'ambition de Louvois.

Le Poitou, étoit une des Provinces de son Département, & avoit pour Intendant Marillac. C'étoit le petit-fils du Garde des Sceaux, Michel de Marillac, Auteur de cet affreux Receuil de tyrannie, nommé le *Code Michault*, de ce Code diffamé sous le Ministère même du Cardinal de Richelieu, & proscrit par l'horreur publique. L'Intendant Marillac, ayant perdu son père de très-bonne heure, étoit le seul de cette famille qui eût commencé d'en relever la fortune abbattue, depuis cinquante ans, par le supplice du Maréchal, & par la disgrâce du Garde des Sceaux. Il espéroit même la relever dans les armes & dans la magistrature: Un de ses fils se distinguoit déjà dans les Tribunaux;

un autre servoit dans l'armée ; & c'étoit pour lui un nouveau motif de rechercher la faveur de Louvois. Marillac nourri dans les maximes de sa Maison, & qui joignoit une violence héréditaire au dépit des longues disgrâces & à la plus extrême ambition, s'étoit contenu tant que le zèle des conversions ne lui avoit paru qu'une effervescence passagère, tant que Louvois lui-même n'y avoit pris aucune part. Il s'étoit conduit dans cette Province, remplie de Protestants, avec une adresse & une modération, qui l'avoient également fait chérir des Catholiques & des Huguenots.

Mais, quand il vit, vers la fin de l'année 1680, le Roi véritablement dévôt, quand il vit tous ses confrères, les Intendants, se piquer d'une émulation d'Apostolat, il commença à changer de conduite, & à montrer un zèle d'autant plus ardent qu'il étoit plus tardif. Il fit d'abord de prétendues conversions, en assez grand nombre, pour le peu d'argent que Pélisson lui fit passer. Ces sommes étoient modiques; & son zèle s'enflammoit par les éloges que Louvois se pressa de lui donner.

Les plus exactes recherches n'ont pu nous faire recouvrer les Lettres de Marillac ; mais les réponses de Louvois sont conservées au Dépôt de la Guerre : & elles suffiront à l'éclaircissement des faits les plus importants. Toutefois en examinant une des plus remarquables, celle du 18 Mars 1681, nous n'osons décider, & nous en laissons le soin au Lecteur, lequel de l'Intendant ou du Ministre a proposé d'employer aux Conversions le terrible moyen, que le Roi semble autoriser par cette Lettre.

« J'ai eu l'honneur de lire au Roi
» les Lettres que vous avez pris la

» peine de m'écrire, les cinq & douze
» de ce mois, par lesquelles Sa Majesté
» a appris avec beaucoup de joie, le
» grand nombre de gens qui conti-
» nuent de se convertir dans votre
» Département. Sa Majesté vous sçait
» beaucoup de gré de l'application
» que vous donnez à en multiplier
» le nombre, & Elle désire que vous
» continuyez à y donner vos soins,
» vous servant des mêmes moyens qui
» vous ont réussi jusqu'à présent. Elle
» a chargé M. Colbert d'examiner ce
» qu'on pourroit faire pour, en sou-
» lageant dans l'imposition des Tailles
» ceux qui se convertiroient, essayer
» de diminuer le nombre des Religion-
» naires. Elle m'a commandé de faire
» marcher au commencement du mois
» de Novembre prochain, un Régi-
» ment de Cavalerie en Poitou, lequel
» sera logé dans les lieux que vous
» aurez soin de proposer entre ci &

» ce temps-là, dont Elle trouvera bon
» que le plus grand nombre des Ca-
» valiers & Officiers soient logés chez
» les Protestants ; mais Elle n'estime
» pas qu'il les y faille loger tous; c'est-
» à-dire que de vingt-six Maîtres, dont
» une Compagnie est composée, si,
» suivant une répartition juste, les Re-
» ligionnaires en devoient porter dix,
» vous pouvez leur en faire donner
» vingt, & les mettre tous chez les plus
» riches des Religionnaires, prenant
» pour prétexte que, quand il n'y a
» pas un assez grand nombre de
» troupes en un lieu pour que tous
» les habitants en ayent, il est juste
» que les pauvres en soient exempts,
» & les riches en demeurent chargés ».

« Sa Majesté a trouvé bon encore
» de faire expédier l'Ordonnance que
» je vous adresse, par laquelle Elle
» ordonne que ceux qui se seront con-
» vertis feront, pendant deux années,

» exempts de logement de gens de
» guerre. Cette Ordonnance pourroit
» causer beaucoup de conversions dans
» les lieux d'étape ; si vous teniez la
» main à ce qu'elle soit bien exécu-
» tée, & que, dans les répartiments
» qui se feront des troupes qui y
» passeront, il y en ait toujours la
» plus grande partie logée chez les
» plus riches de ladite Religion; mais,
» ainsi que je vous l'ai expliqué ci-
» dessus, Sa Majesté désire que vos
» ordres sur ce sujet soient par vous
» ou par vos Subdélégués, donnés
» de bouche aux Maires & Echevins
» des lieux, sans leur faire connoître
» que Sa Majesté désire par-là, vio-
» lenter les Huguenots à se convertir;
» & leur expliquant seulement que
» vous donnez ces ordres sur les avis
» que vous avez eus que, par le cré-
» dit qu'ont les gens riches de la Reli-
» gion dans ces lieux-là, ils se sont

" exemptés au préjudice des pau-
" vres ".

On entrevoit, dans cette Lettre, avec quelle circonspection le Roi avoit permis qu'on usât de cet odieux moyen. Nous le reconnoîtrons encore mieux dans la suite ; & les événements vont nous aider à démêler l'artifice des expressions que le Ministre employe ici, & qu'il continuera toujours d'employer, pour autoriser la persécution par des ordres secrets, en laissant appercevoir, s'il le falloit, combien le Roi en étoit éloigné.

Cette Ordonnance, d'abord envoyée secrétement à l'Intendant de Poitou, fut, dans le mois suivant, rendue publique & générale par tout le Royaume. Louvois, en faisant émaner de son Département, & sous la seule forme d'une Ordonnance militaire, une grâce, très-simple en apparence, accordée à ceux qui se convertiroient, *l'exemption, pendant daux ans, de loger des gens de guerres*, devoit bientôt acquérir la principale influence dans cette révolution, & la ramener au seul Département de la guerre.

Cette Ordonnance fut publiée le 11 Avril 1681; & telle est la première origine de ces violences qui eurent lieu dans tout le Royaume, quatre ans plus tard, & qui furent appellées « *les Dragonades, les Con-*
» *versions par Logements*, ou *la Mission*
» *bottée* ».

Jettons présentement les yeux sur les *Lettres de Madame de Maintenon*, à l'époque où nous sommes parvenus. Elle écrit, le 24 Août 1681 :
« Le Roi commence à penser sérieu-
» sement à son salut, & à celui de
» ses Sujets. Si Dieu nous le conserve,
» il n'y aura plus qu'une Religion dans
» son Royaume. C'est le sentiment de

» M. de Louvois ; & je le crois plus » volontiers là deſſus que M. Colbert, » qui ne penſe qu'à ſes Finances, & » preſque jamais à la Religion ».

Telles ſont déjà les opinions ſur la facilité des converſions, depuis que le terrible Louvois commence à s'en mêler. Madame de Maintenon ajoute des choſes non moins remarquables, & qui nous dévoilent de curieuſes anecdotes. Ruvigny, Député général des Proteſtants à la Cour, eut alors un zèle bien indiſcret : « Ruvigny », s'écrie Madame de Maintenon, « eſt intraitable : il a dit au Roi que » j'étois née Calviniſte, & que je l'a- » vois été juſqu'à mon entrée à la » Cour. Ceci m'engage à approuver » des choſes fort oppoſées à mes ſen- » timents » &, dans une autre Lettre, « Ruvigny veut que je ſois encore » Calviniſte dans le fond du cœur. » Les termes dont elle ſe ſert renferment toujours un grand ſens, &

« *Ruvigny est intraitable* » n'est pas dans sa bouche une expression indifférente. Il avoit porté un coup dangereux à la seule personne qui pût protéger son parti ; il l'avoit dénoncée au Roi comme Calviniste, & comme capable de sacrifier sa Religion à sa politique ; & ce soupçon, il le faisoit tomber sur elle, pendant qu'elle cherchoit à conquérir le cœur du Roi, en se donnant pour une dévote, pour une Catholique zélée, pour une personne exempte de toute ambition. Elle ne pouvoit détruire cette accusation, qu'en paroissant, comme elle le dit, approuver la persécution de ceux dont elle auroit voulu être la Protectrice. « Ceci m'engage à approuver des choses bien opposées à mes sentiments. »

Le moment étoit décisif pour elle. Madame de Montespan commençoit à lui marquer une extrême jalousie ; le Roi

Roi se plaisoit presque uniquement à sa conversation. Elle se livra donc avec une sorte d'emportement à ce dessein de la conversion des Calvinistes. « Madame d'Aubigné » écrit-elle à son frère « devroit bien con-
» vertir quelqu'un de nos jeunes pa-
» rents ». Elle mande à un autre : « On
» ne voit que moi conduisant quelque
» Huguenot dans les Eglises ». Elle écrit à un autre : » Convertissez-vous comme
» tant d'autres ; convertissez-vous avec
» Dieu seul ; convertissez-vous enfin
» comme il vous plaira, mais enfin
» convertissez-vous ». Elle fut la première à solliciter des Lettres de Cachet pour soustraire ses jeunes parentes à l'éducation de sa famille. « Il
» n'y a plus d'autres moyens que la
» violence » dit-elle à son frère, & elle ajoute : » Quant aux autres conver-
» sions, vous n'en sçauriez trop faire ;
» mais ne corrompez pas les mœurs

» en prêchant la Doctrine. » N'est-ce pas un étrange Apôtre que celui à qui il faut faire une telle recommandation ? Elle gardoit dans le secret de son cœur un sentiment de bienveillance pour ses malheureux frères ; ce sentiment trouva enfin le moment de se produire ; mais ce moment étoit encore éloigné, & elle sentoit la nécessité de tout sacrifier aux progrès de sa faveur.

Voilà donc Louis XIV trompé jusques dans son intimité ; & par celle même qui l'avoit le plus amené à ce sentiment de dévotion.

Quel tableau digne d'être offert à la Postérité, & quelle matière à de profondes réflexions ! Louis XIV déjà parvenu au nom de Louis le Grand, objet d'admiration & d'envie pour l'Europe entière, gouvernant par lui-même, servi par d'habiles Ministres, se plaisant à former les successeurs de ces Grands-hommes, connoissant la situation de toutes les Cours, la politique de tous les Souverains, vivant au milieu d'une Cour polie & d'une Nation éclairée, modéle lui-même de cette politesse, attentif à honorer & à rechercher tous les genres de mérite; &, dans ce même temps, trompé dans son Conseil & dans sa Cour, trompé sur ses plus grands intérêts par ses plus chers confidents, inaccessible aux plaintes de deux millions de ses sujets, l'accès de son Trône ouvert seulement aux impostures de l'intérêt personnel, aux acclamations du fanatisme, & aux insinuations de la flatterie! Achevons de tracer ce tableau: ce Prince y conservera toute sa grandeur, & nous ferons dire de lui ce qu'on a dit de Titus, « Il ne se fit sous son régne que le mal » qu'il ignoroit. »

Une autre Lettre de ce même

temps est plus fâcheuse encore pour la mémoire de cette Favorite, & non moins importante pour le développement que nous cherchons. Sa faveur ne paroissoit pas à l'abri de tous les revers; elle éprouvoit de fréquents chagrins; &, dans cette incertitude de son sort, le soin d'accroître son revenu l'occupoit autant que le soin de cette faveur. Elle écrivoit à son Directeur « : Je deviens la plus inté-
» ressée créature du monde, & je ne
» songe plus qu'à augmenter mon
» bien ». Elle vendoit alors sa protection & son crédit; & quelquefois elle les vendoit au profit de son frère. Après avoir fait, pour ce dernier, ce qu'on nomme aujourd'hui une *Affaire*, elle ajoute, le 22 Octobre 1681......« Cent huit mille livres
» que vous toucherez, me consolent:
» vous ne sauriez mieux faire que
» d'acheter une Terre en Poitou; elles

» vont s'y donner par la fuite des
» Huguenots »..... eh! pourquoi craindrions nous aujourd'hui de le dire!
De si vils motifs n'ont que trop influé sur cette longue suite de persécutions souffertes par les Huguenots,
depuis la faveur de Diane de Poitiers
jusqu'à des temps où nous touchons
de bien près. Ce fut souvent pour
envahir leurs fortunes, que tant d'hommes & de femmes de tous les états,
contribuèrent pendant deux siècles
à ces persécutions. Il est vrai que
Madame de Maintenon, singulièrement douée de cette droiture d'esprit,
& de cette sagacité avec laquelle on
connoît & l'on apprécie soi-même
sa position personnelle, avantage plus
rare qu'on ne le croit, ne tarda pas
à se détacher de ces vils intérêts, &
que, peu de mois après cette Lettre,
elle écrivoit à son frère: « Plus on a
» d'une certaine faveur en ce pays,

» & plus on est hors d'état de faire
» certaines affaires ».

Ce fut donc par ce double motif, également caché, que la Confidente du Roi, celle qui ramenoit son cœur vers Dieu, connivoit à la persécution qui commençoit en Poitou. Il ne s'agissoit, en apparence, que d'accorder aux nouveaux Convertis des Priviléges & des exemptions. Sous ce voile, on déguisoit au Roi la persécution; on lui cachoit que chaque famille Protestante étoit livrée, dans sa maison, à la licence effrénée d'une troupe de Soldats. On lui présentoit de longues Listes de convertis; & tous les jours de gazette, on lisoit des articles qui parloient de six, sept & huit-cents Huguenots rentrés dans le sein de l'Eglise. Ces Listes trompeuses persuadoient que cette grande affaire seroit bien plus facile qu'on ne l'avoit d'abord imaginé. « Si Dieu

» conserve le Roi » écrivoit alors Madame de Maintenon « il n'y aura » pas un Huguenot dans vingt ans ; » je me chargerois volontiers de tous». Nous ne tarderons pas à voir l'illusion s'accroître, les esprits s'échauffer & le prestige parvenu au point de persuader que la conversion générale du Royaume seroit achevée en un mois. Bientôt quelques Intendants allèrent beaucoup au-delà des ordres qu'ils avoient reçus. La nouvelle Ordonnance devint, pour eux, un prétexte à toutes sortes de violences; ils excitoient contre les Calvinistes cette licence des Troupes, que la plus sévère discipline a souvent peine à réprimer, & dont l'emportement va jusqu'à la barbarie & au brigandage dès que le frein ne se fait plus sentir. Enfin les plaintes de ces infortunés parvinrent au Roi ; & aussi-tôt il fit sévèrement réprimander ceux qui avoient

passé ses ordres. Louvois écrivit à Marillac : « Je vous envoye un Mé-
» moire qui a té préfenté au Roi par
» un Député des habitants de la R.
» P. R. de la Ville de Châtelleraut,
» par lequel Sa Majefté a vu, avec
» furprife, la conduite que vous avez
» fouffert que les Compagnies de
» Cavalerie, qui ont logé audit Châ-
» telleraut, ayent tenu en votre pré-
» fence...... Sur quoi il a plu à Sa
» Majefté de me commander de vous
» faire fçavoir qu'elle défire que vous
» lui rendiez compte de la vérité de
» ce qui eft expofé dans ce Mémoire,
» & qu'à l'avenir vous empêchiez
» que les troupes ne fe licencient dans
» les logements qu'ils auront chez les
» habitants de la R. P. R. où Sa
» Majefté défire qu'ils foient contenus
» comme chez les Catholiques.

» Son intention eft aufli que vous-
» vous abfteniez de menacer les gens de

» ladite Religion qui ne voudront pas
» se convertir, ne convenant point
» à son service, qu'un homme de
» votre caractère tienne des discours
» si éloignés de l'exécution des Edits
» dont les Religionnaires jouissent
» dans le Royaume.

» Ce que dessus doit vous faire con-
» noître, que quoique Sa Majesté dé-
» sire infiniment la continuation des
» conversions qui se sont faites jus-
» qu'à présent, & qu'elle veuille bien
» y continuer la même dépense, son
» intention est que vous fassiez en-
» sorte que les Religionnaires n'a-
» yent aucun prétexte légitime de
» se plaindre qu'ils soient violentés
» ou menacés, quand ils ne veulent
» pas changer de Religion.

» A l'égard des troupes, Sa Ma-
» jesté vous ordonne de vous conduire
» de manière, dans la connoissance
» que vous prendrez du logement

» des gens de guerre, qu'il n'y pa-
» roisse point d'affectation d'accabler
» les Religionnaires, mais seulement
» un soin d'empêcher que les puis-
» sants ne s'exemptent dudit loge-
» ment & ne le rejettent sur les
» pauvres; que vous conteniez les
» cavaliers dans une si bonne disci-
» pline qu'ils ne fassent point de
» désordres considérables chez lesdits
» Religionnaires; que, quand ils s'en
» plaindront à vous, vous les écou-
» tiez & ne leur donniez point lieu
» de se plaindre que vous leur refu-
» siez toute justice, & les abandon-
» niez à la discrétion des troupes.

Il écrit, le 20 Juin 1681, à l'Intendant de Limoges: « Vous trou-
» verez, ci-joint, les plaintes qui ont
» été faites au Roi, de la part des
» habitants de la Religion prétendue
» Réformée, de la Ville d'Angoulême,
» par lesquelles vous verrez la con-

» duite qui a été tenue à leur égard ;
» laquelle, si ce qu'ils exposent est
» véritable, est contraire aux inten-
» tions de Sa Majesté, tant dans le
» désordre qu'on a souffert que les
» troupes ayent fait, que dans le
» logement qu'on a donné unique-
» ment aux habitants de la Religion
» prétendue Réformée.... Sa Majesté
» m'a commandé de vous faire sça-
» voir que son intention est que vous
» l'informiez de ce qui s'est passé en
» cette occasion, & lui rendiez compte
» par la faute de qui cela est arrivé,
» afin que la punition qui en sera
» faite, remette, pour l'avenir, les
» choses en l'état qu'elles doivent
» être ».

On ne croira pas sans doute qu'un homme tel que Louvois cherchât une chose impossible, la contrainte sans persécution, la liberté du Citoyen conservée avec la licence du

Soldat, l'oppreſſion militaire dans l'intérieur des familles, ſans excès & ſans déſordre; n'eſt-il pas évident que, dans le deſſein de s'emparer ſeul de la converſion des Calviniſtes, & n'ayant en main, pour y parvenir, que la force militaire, il profitoit de l'erreur qu'avoit inſpirée au Roi la prétendue facilité des premières converſions. Il lui perſuadoit que les Calviniſtes étoient ſi peu attachés à leur Religion, que, pour s'épargner une légère incommodité dans leurs maiſons, il ſe preſſoient de ſacrifier leur Foi; mais, au moindre bruit de leurs plaintes, porté juſqu'aux oreilles du Roi, il ſe preſſoit de tout aſſoupir & de tout calmer.

Il prit ſoin que cette fatale Ordonnance, quoique générale pour tout le Royaume, n'y causât pas un mouvement univerſel; & il manda aux autres Intendants de ne point l'exécuter.

Mais déjà les Proteſtants fuyoient en foule. L'émigration, ſuſpendue par Colbert, en 1669, recommença de nouveau. Les Etats Proteſtants s'empreſsèrent de leur offrir des aſyles. Dès le 28 Juillet de cette année, il y eut une Ordonnance, publiée à Londres, qui accordoit des privilèges à tous ceux qui viendroient ſe réfugier en Angleterre : le bruit en parvint juſqu'au Roi ; & l'Intendant Marillac fut auſſi-tôt révoqué.

Nous confirmerons ce récit général par une autorité grave, celle du Chancelier d'Agueſſeau. Il étoit alors dans les premières années de la jeuneſſe, mais élevé par ſon père, Intendant de Languedoc, dont il a écrit la Vie. Voici comment il s'exprime : « La » Cour s'accommoda long-temps des » maximes de mon père ; &, ſans trou- » bler ſon ouvrage par une précipi- » tation dangereuſe, j'oſe dire qu'elle

» étoit assez sage pour le laisser faire.
» Elle désapprouva même la conduite
» d'un ou deux Intendants qui, pour
» signaler leur zèle, s'étoient donnés
» à eux-mêmes la mission, peu cano-
» nique, de convertir les Huguenots,
» en les fatiguant par des logements
» arbitraires de troupes, où l'on fai-
» soit au Soldat un mérite des vexa-
» tions qu'on punissoit par-tout ail-
» leurs. L'un de ces Intendants fut
» réprimandé; & l'autre essuya une
» révocation, dont la honte ne put
» être entièrement effacée par l'hon-
» neur qu'on fit à son nom & aux
» bonnes qualités qu'il avoit d'ailleurs,
» de le placer au Conseil ».

CHAPITRE XI.

LE zèle pour les converſions parut un moment ſe rallentir. Les ordres les plus ſecrets de la Cour n'avoient plus la même violence. Louvois écrit le 16 Juin 1682 : « L'intention du » Roi n'eſt point de faire de diſtinc- » tion de Religion, pour les Com- » pagnies de Cadets ; & Sa Majeſté » trouve bon que vous y admettiez » tous ceux qui ſe préſenteront ». Quelques Adminiſtrateurs dans les Provinces, qui continuèrent à ſe conduire avec emportement, reçurent de nouvelles réprimandes.

Il y eut, cette année, une fameuſe Aſſemblée du Clergé qui ſe déclara contre les maximes des Ultramontains ſur la toute puiſſance qu'ils attribuent au Pape. Ses déciſions brouillèrent ouvertement la Cour de France avec le Siége de Rome. Mais cette Assemblée voulut laisser à la Postérité un monument public de sa vigilance pour les vrais intérêts de l'Eglise. Elle adressa une exhortation à tous les Religionaires, pour leur représenter l'injustice des reproches qu'ils faisoient à la Communion Romaine, & les inviter à rentrer dans le sein de leur mère. Cette exhortation devoit être remise solemnellement à tous les Consistoires. Le Roi écrivit aux Evêques, & fit écrire aux Intendants, afin qu'ils concertassent ensemble les mesures qui pouvoient contribuer au succès de ce projet. Aux Evêques, il recommandoit de ménager les esprits, & de n'employer que la force des raisons; il ordonnoit aux Intendants de veiller à ce qu'il ne fût donné aucune atteinte aux Edits dont jouissoient les Calvinistes.

Cependant,

Cependant, aussi-tôt que Marillac eût été révoqué, les malheureux qui, pour se dérober à la persécution, avoient abjuré, & dont les noms avoient servi à grossir les prétendues listes de nouveaux Convertis, ne doutèrent pas que la punition de leur tyran ne leur rendît la liberté. Ils voulurent retourner au Prêche ; mais la Jurisprudence contre les Rélaps subsistoit. Ils tentèrent de s'évader ; la Jurisprudence contre les émigrations subsistoit également, & ils se trouvèrent pris dans ce double piège. C'est ici sur-tout que nous devons l'observer : Il est si faux qu'il y ait eu, pour la ruine du Calvinisme, un projet fixe & préparé de longue main, que toute cette grande révolution tient uniquement à la combinaison fortuite de ces deux Loix, toutes deux presque récentes, toutes deux renouvellées dans des circonstances absolument étrangères à celles où elles avoient été promulguées.

A peine le Successeur de Marillac fut-il arrivé en Poitou, qu'on lui donna, & c'en fut le premier exemple, cette attribution souveraine qui fut si fréquemment accordée dans la suite aux Intendants, pour juger, sans Appel, ce double délit de rechûte & d'évasion, dont on commença à faire un crime si grave aux nouveaux Convertis. Ce Successeur étoit M. de Bâville, qui devint si célèbre dans cette révolution. Tous les nœuds de l'amitié & de la reconnoissance mutuelle unissoient sa famille à celle de Louvois. Il passoit dans ce temps-là pour un homme doux & modéré. Sa douceur consistoit à employer la terreur plus que les supplices. Il mettoit en procès les Relaps & les Fugitifs. Aussi-tôt qu'ils témoignoient quelque repentir, il leur faisoit grâce; & quand le repentir étoit tardif, il obtenoit pour eux des Lettres de réhabilitation.

Une Doctrine secréte qui se forma par le concours de toutes ces circonstances inopinées, qui devint bientôt presque générale dans le corps du Clergé, & que tout le corps du Clergé a généralement abandonnée dans notre siécle, naquit certainement à cette époque; & elle se fondoit uniquement sur l'exécution sévère & invariable des deux Loix nouvelles. Cette Doctrine qui fut avouée, discutée, approfondie, quelques années plus tard, par de célèbres Evêques, dont nous avons recouvré tous les Mémoires, sans que jamais aucun d'eux ait osé la publier hautement, est en quelques points différente de l'ancienne intolérance usitée dans les siécles barbares. Il ne s'agissoit pas, comme autrefois, de brûler, de massacrer, d'exterminer les Hérétiques;

il y entroit en apparence moins de cruauté, moins de fanatifme; mais pourquoi auroit-on voulu exterminer des gens qu'on avoit ceffé de craindre, & qu'on fe flattoit de faire entrer aifément dans l'Eglife, & d'y retenir enfuite par la crainte, comme on fait entrer & comme on retient des troupeaux dans un bercail?

Obtenons d'eux, foit par féduction, foit par crainte, des actes de Catholicité : la Loi contre les relaps, autorifera à les leur faire pratiquer tout le refte de leur vie : ils voudront paffer dans les pays où leur Religion eft libre : la Loi contre les émigrations les tiendra enfermés dans le Royaume. Ainfi, fans fe donner ni le tems, ni le foin d'inftruire ceux qu'on vouloit ramener au fein de l'Eglife, on établit en principe qu'il étoit également utile à la Religion & à l'Etat de fe contenter de Converfions, quelles qu'elles fuffent; & que les Evêques devoient fermer les yeux sur les perpétuels sacriléges de cette multitude d'hommes forcés, malgré leurs consciences, à de tels actes. Leurs enfants, disoit-on, se trouveront, à la longue, élevés dans les pratiques de la vraie Religion ; & si l'on parvient à étendre ce procédé sur tout le Royaume, les signes extérieurs du Calvinisme étant par-tout abolis, les générations suivantes seront converties réellement, & il n'y aura plus en France qu'un même Troupeau & un même Pasteur.

On ne peut douter que le Jésuite la Chaise, n'ait été le plus ardent Apôtre de cette Doctrine. Elle eut pour Apologistes & pour Sectateurs, tous les partisans de sa société ; & tour-à-tour elle fut adoptée ou proscrite, suivant que cet ordre fut en faveur ou en disgrâce. Mais le moment n'étoit pas venu de de révéler au Roi un système si nouveau.

La Religion n'avoit pas encore pris sur son cœur cet empire souverain & absolu qu'elle ne tarda pas à y exercer, & qu'enfin elle y conserva sans retour, jusqu'au dernier instant de son règne. Devons nous ici nous arrêter à observer comment Madame de Maintenon, blâmoit dans ces tems d'irrésolution, la piété trop rigide, s'accordoit sur ce point avec le Confesseur lui-même, se plaignoit que le Directeur de la Reine conduisoit cette Princesse par un chemin plus propre à une Carmélite qu'à une Souveraine ; comment, enfin, elle retardoit dans la dévotion du Roi, les progrès qui n'étoient pas son propre ouvrage. » Madame la Dauphine, » écrit-elle, est en prière ; sa piété » a fait faire au Roi des réflexions » sérieuses. Elle s'est fait un point

» de conscience de travailler à la
» conversion du Roi. Je crains qu'elle
» ne l'importune, & ne lui fasse haïr
» la dévotion. Je la conjure de mo-
» dérer son zèle ». Mais la Reine
mourut au mois de Juillet 1683, &,
aussi-tôt après cette mort, aussi-tôt
que le Roi fut devenu libre, nous
la voyons redoubler d'efforts, hâter
le moment décisif. Nous voyons la
faveur de cette nouvelle Maîtresse,
le crédit du Jésuite la Chaise, & le
zèle pour la conversion des Calvinistes, trois choses depuis long-tems
inséparables, qui éprouvoient les mêmes alternatives, & qui s'avançoient
toujours de front, parvenir ensemble à leur plus haut période. Elle
écrit d'abord à une Supérieure de
Couvent. « Ne vous lassez point de
» faire prier pour le Roi; il a plus
» besoin de grâces que jamais pour
» soutenir un état contraire à ses in-

P iv

» clinations & à ses habitudes. . . . .
» Donnez-vous toute à Dieu.
» & méprisez les grandeurs ». Trois
mois après, elle écrit. « Je crois que
» la Reine a demandé à Dieu la con-
» version de toute la Cour. Celle du
» Roi est admirable. Les Dames qui
» en paroissoient le plus éloignées,
» ne quittent plus les Eglises. . . .
» Toutes nos Dévotes n'y sont pas
» plus souvent que Madame de Mon-
» tespan. . . . Les simples Diman-
» ches sont comme autrefois le jour
» de Pâques ». . . . Et enfin, quelques
semaines après. « On est fort content
» du P. de la Chaise ; il inspire
» au Roi de grandes choses. Bientôt
» tous ses Sujets serviront Dieu en
» esprit & en vérité » ; Tant il est vrai
que le projet de convertir les Calvinistes, tenoit uniquement à cette
Dévotion, faisoit les mêmes progrès,
& ne devint un projet fixe & déter-

miné, que dans le tems où la Piété rendue plus fervente, amenoit le mariage de cette adroite Favorite.

Ce ne sera donc pas une discussion étrangère au sujet que je traite, de prouver que ce mariage ne fut pas différé autant qu'on l'a dit & que le Roi, devenu veuf, ne donna que six mois à son deuil.

Madame de Caylus raconte que, pendant le voyage de Fontainebleau qui suivit la mort de la Reine, la faveur de Madame de Maintenon parvint au plus haut dégré. « Je vis
» tant d'agitation dans son esprit, que
» j'ai jugé depuis, en le rappellant à
» ma mémoire, qu'elle étoit causée
» par une incertitude violente de son
» état, de ses pensées, de ses craintes,
» de ses espérances; en un mot, son
» cœur n'étoit pas libre, & son esprit
» étoit fort agité. Pour cacher ses divers
» mouvements, & pour justifier les

» larmes que ses domestiques & moi,
» lui vîmes quelquefois répandre, elle
» se plaignoit de vapeurs, & elle alloit,
» disoit-elle, chercher à respirer dans
» la forêt, avec la seule Madame de
» Montchevreuil; elle y alloit même
» quelquefois à des heures indues.... »
Toute la suite du récit, sans donner
la date précise du mariage, ne laisse aucun doute qu'il n'ait suivi de près.

Saint-Simon l'affirme : « Ce qui est
» très-certain, c'est que, quelque temps
» après le retour du Roi de Fontai-
» nebleau, & au milieu de l'hyver, qui
» suivit la mort de la Reine, le P. de la
» Chaise dit la messe en pleine nuit;
» Bontemps, l'un des quatre premiers
» Valets-de-Chambre, le plus confi-
» dent des quatre, & alors en quar-
» tier, servit cette messe, où ce Mo-
» narque & Madame de Maintenon
furent mariés, en présence de Har-
» lay, Archevêque de Paris, comme
» Diocésain ».

Examinez ſes propres Lettres; cette femme, qui juſqu'à cette époque, avoit recommandé à ſon frère, *l'économie la plus ſévère*, le conjure alors de *manger tout ſon revenu*. Elle lui écrit dès l'année 1684: « C'eſt » une aventure perſonnelle & qui ne » ſe communique point. » La Lettre par laquelle elle refuſe de le faire Connétable, eſt datée de 1684; c'eſt depuis la fin de 1683, qu'elle le tient toujours éloigné d'elle; c'eſt alors que le deſſein de faire élever quelques jeunes Demoiſelles, enlevées à leurs familles Calviniſtes, & raſſemblées d'abord à Ruel, enſuite à Noiſi, produit le magnifique établiſſement de Saint-Cyr. Liſez la lettre ſuivante, qui eſt certainement du mois de Juin 1684. « Nous attendons des nouvelles » du Roi...... Il a bien voulu parta- » ger avec M. de Créqui, l'honneur » de cette conquête. Je ne reſpire qu'a-

» près la paix ; je ne donnerai jamais
» au Roi de conseils désavantageux
» à sa Gloire ; mais, si j'en étois crue,
» on auroit moins d'ambition ; on se-
» roit moins ébloui de cet éclat d'une
» Victoire, & l'on songeroit plus sé-
» rieusement à son Salut. Mais ce n'est
» pas à moi à gouverner l'Etat. Je
» demande, tous les jours, à Dieu qu'il
» lui fasse connoître la Vérité ; qu'il
» lui inspire des sentiments de paix...
» Noisi m'occupe beaucoup, & fort
» agréablement. Je veux contribuer
» aussi de mon côté au grand ou-
» vrage de la conversion de nos frè-
» res séparés ; ces pauvres filles m'en
» auront une obligation infinie en
» ce monde & en l'autre.... Le Nau-
» tre, fera de mon jardin un lieu
» charmant...... J'avois espéré d'y
» mourir, & *je n'aurai pas seulement le*
» *plaisir d'y vivre* ». Enfin c'est dans
le courant de cette année 1684, que
nous la verrons admise aux entre-

tiens les plus secrets du Roi & de ses Ministres, sur les projets pour la conversion générale du Royaume.

Tous les Mémoires du temps rapportent qu'à cette époque, l'Archevêque de Paris, eut des conférences avec le Roi, & sur la foi de ces mystérieux entretiens, ils l'ont associé au projet des conversions. Est-il vraisemblable que cet Archevêque fort décrié, à qui le Roi ôta bientôt le droit d'influer sur la nomination des bénéfices, ait eu grande part à cette entreprise? Madame de Maintenon qui y revient tant de fois dans ses Lettres, jamais ne l'y associe ; mais il étoit alors un confident nécessaire pour le mariage ; c'étoit le véritable mystère. Les conversions y servirent de voile ; la méprise fut générale ; & , sans doute, elle servit beaucoup à accroître parmi les courtisans & les Ministres le zèle pour les conversions.

Mais ce qui est indubitable, c'est que trois mois après la mort de la Reine, dans la plus grande ferveur de la dévotion du Roi, & au moment où Colbert mourut, le P. de la Chaise inspira au Roi le dessein & l'espérance « de voir bientôt tous ses sujets servir » Dieu en esprit & en vérité ». Ce sont les expressions que nous venons de lire.

CHAPITRE XII.

CE grand deſſein fut ſuſpendu par une guerre de courte durée, contre l'Eſpagne & l'Empire; mais, dans cet intervalle, il ſurvint un événement qui eut des ſuites très-importantes.

La Cour ayant, en quelque ſorte, abandonné les rênes à tous ceux qui pouvoient exercer quelque pouvoir, ils ſe livroient dans toutes les Provinces à leur ſainte animoſité. Ils cherchoient à trouver les Proteſtants en contravention aux Loix nouvelles qui paroiſſoient chaque jour ; & le prétexte de la plus légère infraction ſuffiſoit, non-ſeulement pour interdire le paſteur qui en étoit accuſé, mais pour fermer le Temple où elle s'étoit commiſe. On alla bientôt juſqu'à défendre tout exercice public, dans les lieux dont les Temples avoient été abbattus. On n'employoit ainsi pour ramener à Dieu, que des voies oppressives, sans y joindre aucune Instruction; & ces peuples privés de leur culte, conservoient encore leur croyance.

« Si Louis XIV & son Conseil » avoient bien connu la nature de » l'Homme, s'écrie le sage Rédacteur des *Mémoires de Noailles*, » ils auroient » pris d'autres mesures; ils auroient » prévu que la force, sans la persua- » sion, ne feroit que renverser des » Autels en irritant le zèle des Ado- » rateurs. » Ceux d'entre les Protestants qui tenoient encore, de leurs emplois dans les Provinces, le droit d'en soutenir les affaires, après avoir tenté inutilement tous les moyens de récusations, de protestations, de requêtes aux Intendants, aux Gouverneurs, au Conseil du Roi, au Roi même,

même, se déterminèrent enfin à se concerter secrétement entr'eux. Toulouse fut choisie pour le lieu du rendez-vous; seize Députés s'y trouvèrent pour le haut & bas Languedoc, les Cévennes, le Vivarais & le Dauphiné. Leurs marches avoient été si secrétes, & leurs conférences furent si mystérieuses, qu'ils se dérobèrent à toute la vigilance du Gouvernement.

Quelques Auteurs regardent encore aujourd'hui cette assemblée comme ayant posé les premiers fondements de ce qu'on a nommé depuis « les » assemblées du désert », & de ce culte secret qui ne tarda pas, en effet, à s'établir sous la conduite & la discipline de quelques-uns de ces Députés, & à recevoir d'eux la forme & les régles qui se sont conservées jusqu'à nos jours.

Quoi qu'il en soit, ils convinrent d'employer tous les moyens de résister,

Q

qui ne méneroient pas à la rébellion; de démentir, par leur persévérance dans leur culte, toutes ces fausses relations dont on flattoit la piété du Roi, en lui représentant comme convertis ceux qui étoient déterminés au martyre plutôt qu'à l'abandon de leur Foi.

Il fut résolu qu'à un jour marqué, on rouvriroit les Temples interdits; que, pendant les Prières & le Prêche, les portes resteroient ouvertes, afin que tout le monde pût juger de la pureté de ce Culte; que, dans tous les endroits où les Temples étoient abbatus, on s'assembleroit sur leurs ruines; que tous ceux qui avoient cédé à la violence, & signé des abjurations ne s'assembleroient qu'en des lieux écartés, afin de se dérober au procès qu'on voudroit peut-être leur intenter, comme relaps; que ces dernières assemblées ne seroient tenues, ni avec un éclat qui pût causer du désordre, ni avec un secret qui les empêchât d'être remarquées, parce qu'on désiroit qu'elles le fussent, & que la Cour même en fût instruite. On forma des Réglements pour les Eglises qui n'avoient plus de Pasteurs, & l'on détermina quel seroit, pendant cette absence des Pasteurs, le Culte secret & particulier dans les maisons.

On exhorta tout ce qui restoit encore de Ministres, à s'exposer avec fermeté à la persécution, à ne plus obéir aux décrets d'interdiction, à ne plus quitter ni le Royaume ni leurs Provinces, qu'avec le congé du Colloque, & dans le péril le plus imminent.

Enfin on dressa le projet d'une Requête qui devoit être envoyée au Chancelier, & à tous les Secrétaires d'Etat, par toutes ces assemblées, le jour même qu'elles se tiendroient pour la première fois. Elle contenoit

Q ij

avec une apologie de leur doctrine, les plus touchantes protestations d'amour & de respect pour le Roi. On lui demandoit la Révocation de tant de Déclarations & d'Arrêts qui enlevoient aux Réformés non-seulement tous leurs droits civils, mais presque tout exercice de leur Religion. » Qu'elle est notre si-
» tuation » disoient-ils » : Si nous mon-
» trons quelque résistance, on nous
» représente comme des rebelles ; & si
» nous obéissons, on prétend que nous
» sommes convertis, & on trompe le
» Roi par notre soumission même. »

Malgré le profond mystère dont les Députés avoient sçu s'envelopper, le Gouvernement reconnut à quelque symptôme qu'il se tramoit quelque complot. Le Parlement de Toulouse & l'Intendant de la Province faisoient de vains efforts pour découvrir ce que ce pouvoit être, lorsqu'au jour convenu, les Temples se rouvrirent, les assemblées se tinrent, & le Culte Calvinifte recommença dans tous les endroits des Cévennes, du Vivarais & du Dauphiné, où il avoit précédemment ceffé. Les Catholiques effrayés de ce concert, crurent que c'étoit une infurrection. L'effroi leur fit prendre les armes; les Calviniftes s'armèrent auffi-tôt; &, dans cette défiance mutuelle, le danger s'accroiffoit par les précautions mêmes qu'on prenoit pour s'en garantir.

Il y a ici une contrariété apparente entre deux récits également véridiques. L'Hiftorien du Duc de Noailles dit que ce fut d'Aguefleau qui demanda des troupes. Le Chancelier d'Aguefleau raconte que, dans cette allarme générale, cet Intendant fe conduifit avec douceur, ne montra que de la fécurité : alla par-tout fans aucune efcorte; &, loin de demander des troupes, avertit la Cour qu'elle fe gardât bien d'en envoyer. Nous avons pris soin d'éclaircir ces deux récits qui semblent si contraires, & nous avons trouvé comment ils se concilient. D'Aguesseau qui voyoit accumuler Déclarations sur Déclarations, Edits sur Edits, effrayé de cette précipitation & de *toutes ces démarches plus propres*, disoit-il, *à flatter la piété du Roi, qu'à la satisfaire*, ne dissimuloit pas à la Cour tout ce qu'elles portoient de désolation dans la Province la plus infectée de l'Hérésie. Il auroit voulu prévenir les troubles, & avoit précédemment demandé quelques troupes; mais on ne l'écoutoit point. Le Duc de Noailles qui étoit à la Cour, y appuyoit vainement les demandes de l'Intendant de sa Province. « J'en parle à tout moment, écrivoit-il; » on ne répond rien, & » on est toujours occupé ici de plus » grandes choses. » Mais la commotion arrivée, d'Aguesseau qui n'avoit eu aucun moyen de la prévenir, ne songea plus qu'à ne point aigrir le mal. Il redoutoit alors l'arrivée des troupes, qui pourroient le rendre irrémédiable. Il demanda qu'on suspendît leur marche; &, en effet, par sa modération, par sa prudence, par l'entremise des plus sages Religionnaires, il calma les esprits; il parvint à faire quitter les armes, à faire cesser tout exercice de leur Religion dans les lieux interdits, & fit signer un acte de soumission absolue aux volontés du Roi.

« Il se flattoit, dit le Chancelier, » que cet exemple instruiroit la » Cour elle-même des procédés qu'elle » devoit suivre. Mais ce n'étoit pas » sans raison qu'il redoutoit plus les » Conseils violents de ceux qui étoient » auprès du Roi, que l'opiniâtreté » des Calvinistes ». En effet les troupes si long-temps refusées, étoient alors en marche : l'Amnistie promise par d'Aguesseau, mais rédigée par Louvois, se ressentit de l'effroyable rigueur de ce Ministre. C'étoit le pardon accordé par un maître courroucé: on en exclut tous les Ministres & cinquante coupables; on ordonne la démolition de plusieurs Temples. d'Aguesseau prit sur lui de ne publier, qu'avec des adoucissements, cette impitoyable Amnistie. Cependant les troupes arrivent en Dauphiné; &, se croyant envoyées contre des Rébelles, massacrent quelques centaines de Paysans qui se rendoient à une Assemblée. La défiance reprend les Religionnaires du Vivarais; ils s'arment de nouveau, ils se réunissent à la hâte. Les troupes marchent vers cette Province; d'Aguesseau les retint quelque temps sur la frontière; mais il fallut obéir à d'autres commandemens; elles entrent dans le pays: elles rencontrent quelques paysans assemblés; ce fut une boucherie, & non pas un combat. Louvois révoque alors l'Amnistie. Ce ne sont point ici des conversions par logement, c'est la punition d'une Province qu'on représentoit comme soulevée.

Une Lettre de Louvois, conservée au Dépôt de la guerre, confirme tout ce récit. Elle est adressée au Duc de Noailles, qui s'étoit rendu dans la Province.

Louvois, après s'être plaint de ce que d'Aguesseau avoit imaginé de retenir les troupes sur la frontière, & de ce que leur Commandant avoit cédé à cette demande, ajoute: « Je » vous supplie de leur lire cette » Lettre à tous deux, qui leur fera » connoître combien ils se sont trom- » pés, & particulièrement à M. d'A- » guesseau, combien la conduite qu'il » a exigée de M. de S.-Rhut, qu'il » suivit contre son inclination, a été

» contraire aux intentions de Sa Ma-
» jefté, & capable d'attirer de grands
» inconvénients ».

« L'intention du Roi n'eft point
» que l'Amniftie ait lieu pour les
» Peuples du Vivarais, qui ont eu
» l'infolence de continuer leur rébel-
» lion, après qu'ils ont eu connoiffance
» de la bonté que Sa Majefté avoit
» pour eux; & elle défire que vous
» ordonniez à M. de S.-Rhut d'é-
» tablir les troupes dans tous les
» lieux que vous jugerez à-propos;
» de faire fubfifter lefdites troupes
» aux dépens du Pays; de fe faifir des
» coupables, & de les remettre à
» Monfieur d'Agueffeau pour leur faire
» leur procès; de rafer les maifons de
» ceux qui ont été tués les armes à la
» main, & de ceux qui ne reviendront
» pas chez eux, après qu'il en aura
» fait publier une Ordonnance ; que
» vous lui donniez ordre de faire rafer

» les huit ou dix principaux Temples
» du Vivarais; &, en un mot, de causer
» une telle désolation dans ledit pays,
» que l'exemple qui s'y fera, contienne
» les autres Religionnaires, & leur ap-
» prenne combien il est dangereux de
» se soulever contre le Roi ».

Ainsi ces Infortunés, au lieu de faire parvenir au Roi, comme ils l'avoient espéré, des preuves certaines, mais humbles & modestes, de leur persévérance dans leur Foi, ne furent peints à ses yeux que comme des rébelles qu'il avoit fallu promptement accabler; & le séjour des troupes dans cette Province, servit encore de prétexte à Louvois pour se faire attribuer & conserver, dans la suite, avec le Languedoc, qui étoit du Département de Châteauneuf, la même correspondance qu'a le Ministre de la Guerre avec les Provinces frontières.

CHAPITRE XIII.

Les hostilités entre la France & l'Empire qui eurent lieu en 1684, n'enlevèrent pas long-temps Louis XIV aux soins des affaires intérieures de son Royaume. La tranquillité fut aussi-tôt rétablie ; & ce fut à cette époque qu'on délibéra enfin véritablement, & pour la première fois, sur la conversion générale de tous les Calvinistes François : mais, par une fatalité déplorable, le Conseil adopta un plan, & le Ministre le plus accrédité en suivit un autre. Pour développer ce funeste mystère, écoutons d'abord Madame de Maintenon : « Ses Ministres » à Ratisbonne », écrit-elle le 13 Août 1684, « ont ordre de signer une Trève » de vingt ans ; & il gardera tout ce » qu'il a pris depuis la Paix de Nimé-

» gue… Il a dessein de travailler à la
» conversion entière des Hérétiques;
» il a souvent des conférences là-dessus
» avec M. le Tellier & M. de Châ-
» teauneuf, où l'on voudroit me per-
» suader que je ne ferois pas de trop.
» M. de Châteauneuf a proposé des
» moyens qui ne conviennent pas. Il
» ne faut point précipiter les choses.
» Il faut convertir, & non pas persé-
» cuter. Monsieur de Louvois vou-
» droit de la douceur; ce qui ne s'ac-
» corde point avec son naturel, &
» son empressement de voir finir les
» choses. Le Roi est prêt à faire tout
» ce qui sera jugé le plus utile au bien
» de la Religion. Cette entreprise le
» couvrira de gloire devant Dieu &
» devant les hommes. Il aura fait ren-
» trer tous ses Sujets dans le sein de
» l'Eglise, & il aura détruit l'Hérésie
» que tous ses prédécesseurs n'ont pû
» vaincre ».

Voilà donc le Roi délibérant avec ses Ministres, le Roi *prêt à tout faire*. Il vouloit déterminément convertir. Le choix des moyens étoit difficile ; & l'événement ne l'a que trop prouvé. Il s'agissoit de se déterminer entre le parti d'une persécution déclarée, & celui d'une rigueur plus mitigée. On pése dans la balance les moyens différents, la sévérité ou la douceur ; le Roi s'en remettoit de ce choix à ses Ministres ; & ceux-ci ne doutoient pas du succès. La prétendue facilité des premières conversions avoit donné cette fatale espérance ; l'intérêt de Dieu & la volonté du Roi réunis, devoient opérer tous les miracles.

Il paroit que le Marquis de Châteauneuf fut cruellement joué par Louvois dans toute cette affaire. Châteauneuf, si on peut le juger par sa conduite, étoit un homme d'un esprit assez juste, mais d'un caractère foible. Il avoit d'abord été pour les partis modérés. Noailles, le 5 Octobre 1683, en lui écrivant, se justifie des rigueurs qu'il exerce : « Je vous assûre que je » n'agis pas par haine contre les Hu- » guenots : dans le temps que je vous » demande la démolition de quelques » Temples qui ont mérité ce châti- » ment, & la punition de quelques » Ministres séditieux, je vous repré- » sente aussi ce que des Ministres fi- » déles au Roi, ont mérité par leur » bonne conduite ». Une des maximes de Châteauneuf étoit : « Qu'il ne fal- » loit pas mettre trop de bois au feu ». On l'avoit vu rallentir l'impétuosité des poursuites du Parlement de Toulouse.

Louvois, au contraire, avoit commencé la persécution en Poitou, en Languedoc, en Dauphiné. Mais il connoissoit trop bien son Maître, pour ouvrir hautement une opinion si odieuse.

Louis XIV, étoit doux & fier. Il étoit attaché à sa gloire, à l'honneur de sa Nation, à l'éclat de son règne. Son ame, naturellement tendre, étoit encore un peu amollie par la Société des femmes & par le soin de leur plaire; son esprit n'étoit pas d'une grande étendue; mais ce qu'il en avoit étoit juste & élevé. Sa probité étoit respectée: c'étoit un des plus honnêtes-hommes de son Royaume; mais l'obstacle l'irritoit: son ressentiment & sa colère se renforçoient par le temps. Son éducation avoit été négligée; on avoit long-temps pris à tâche de l'éloigner de toute instruction. Quelques semences de Piété étoient les seules que la Reine sa mère, eût fait germer en lui; & les grandes qualités qu'il développa aussitôt que les rênes de l'État furent remises dans ses mains, cet amour de la gloire, & plus encore, cet amour

de

de l'ordre, ce soin perpétuel de sa dignité, ce travail fréquent & régulier, avec chacun de ses Ministres, ce soin de la Discipline, qui produisit toutes les victoires de son règne, son accueil prévenant pour tous les genres de de mérite, tout cela fut son propre ouvrage. Des hommes, versés dans l'étude des caractères, ont dit que ses principes n'étoient point assûrés; que ce n'étoit point par des maximes suivies qu'il gouvernoit; mais par les impressions que lui donnoient ceux dont il étoit environné. Il le faut avouer, & tout ce que nous avons développé dans ces éclaircissements historiques, en est une déplorable preuve. Dans la conjoncture même que nous cherchons à éclaircir, n'est-il pas évident qu'il cédoit à cette ligue formée autour de lui, à cette espèce de *Triumvirat* qui avoit uni pour un moment, son épouse, son Minis-

R

tre & son confesseur : *Triumvirat* qui eut le sort de toutes les alliances de ce genre, connues dans l'Histoire, & qui se termina par la haine mutuelle de ces trois associés. Mais ajoutons que ses sentimens étoient toujours nobles & droits ; que les impressions qu'on s'efforçoit de lui donner, devoient être proportionnées à la trempe de ce grand caractère. Ainsi Louvois lui avoit inspiré l'amour des conquêtes: Colbert, l'amour de la prospérité publique : Montespan le séduisit par tous les agrémens de l'esprit & du goût, par ceux de la magnificence, par le choix dans les plaisirs, par une plaisanterie fine & mordante, mais juste & sûre, & qui n'attaquoit jamais que les vrais ridicules: Maintenon le fixa par l'idée noble & touchante, de ne plus donner à ses sujets, que l'exemple des bonnes mœurs, & des vertus domestiques:

Villeroi, par la probité : son confesseur, la Chaise, en le détournant d'une piété trop auſtère, trop minutieuſe & peu ſéante à un grand Souverain. On put le tromper & l'égarer ; mais aucun goût ne l'avilit : aucune favorite ne le déprava ; ſa paſſion même pour la veuve Scarron, fut loin de le dégrader ; & comme les hommes ſe conduiſent bien plus par leurs ſentiments & leur caractère, que par des maximes & des raiſonnements, Louis XIV, malgré les fautes de ſon règne, gouverna toujours avec grandeur, avec des intentions droites, & reſtera toujours grand aux yeux de la Poſtérité.

Non, la plus légère tentative pour renverſer les ſtatues élevées à Louis le Grand, ne nous ſera point imputée ; nous rendrons, au contraire, un juſte hommage à ſa mémoire. Son caractère l'éloignoit de la perſécu-

R ij

tion, quoique l'esprit général de son siècle lui eût permis d'être persécuteur. Car, si à l'époque où le Conseil du Roi s'occupa de cette importante délibération, les maximes atroces de l'intolérance ne rétentissoient pas dans les chaires, ne se produisoient pas dans les livres ; si le Clergé cachoit avec soin cette doctrine, c'étoit par un reste de crainte qu'inspiroient encore les événements passés. Non-seulement la tolérance Politique, & celle qu'on peut nommer Philosophique, mais la tolérance Chrétienne étoit presque généralement inconnue; &, dans les années suivantes, quand Louis XIV se trouva engagé involontairement, & à son insçu, dans la persécution, lors même que les Calvinistes n'y opposoient que les pleurs & la fuite, une nombreuse partie du Clergé éleva la voix, pour justifier les plus odieuses contraintes, & pour en demander la continuation. Nous avons en manuscrit, je l'ai déjà annoncé, le recueil de ces Lettres, & quelques-unes font frémir.

Louis XIV permit donc qu'on proposât dans son Conseil les maximes de l'intolérance & les moyens de persécution; mais on a remarqué que la cruauté appartient aux lâches; & l'on aime à voir dans une telle délibération, comment la vraie connoissance de ce grand caractère en impose à ceux de ses Ministres qui en avoient un plus fréquent usage. Le sévère Louvois se donne le mérite des partis modérés, certain d'usurper ensuite tout le mérite du succès, par l'emploi secret des moyens les plus violents.

Châteauneuf, au contraire, qui avoit vu, d'année en année, la sévérité s'accroître, qui voyoit la persécution commencée, qui ne pouvoit se dissimuler qu'on y avoit été conduit pas à pas, opina pour la sévérité, s'en donna le démérite auprès du Roi, revint de bonne-foi à l'opinion du Conseil, & rentra dans le système des moyens qui paroissoient alors doux & modérés.

Voilà le véritable mot de toutes les énigmes que cette époque semble nous présenter. Voilà pourquoi une foule d'Edits qui paroissent tenir au projet de suspendre long-temps encore la Révocation de l'Edit de Nantes, vont se succéder rapidement, & pourquoi ce même système sera promptement renversé, & l'oppression portée à son comble.

CHAPITRE XIV.

CHATEAUNEUF & le fils de Colbert s'attachèrent à la résolution prise dans le Conseil. Ils suivirent, pendant un espace de quatorze mois, un plan rigoureux, il est vrai, mais où il entroit encore quelque respect pour la tolérance : un plan qui devoit, avec un peu de lenteur, amener la conversion générale du Royaume, & satisfaire la piété de Louis XIV, assez jeune encore, pour jouir un jour de ce grand succès. Des circonstances étrangères, telles qu'une assemblée du Clergé, & les instances qu'elle fit pour obtenir du Roi de plus grandes rigueurs, ajoutèrent à leur zèle, & hâtèrent un peu leur marche, mais sans les détourner de la route qu'ils avoient prise. On vit donc, pendant quatorze mois, se succéder avec trop de rapidité peut-être, une foule de Déclarations pour restreindre les priviléges dont jouissoient encore les Protestants. Un grand nombre de Temples furent abbatus, la plupart de leurs Ecoles supprimées, leur fameux Collége de Sedan donné aux Jésuites ; toutes les charges judiciaires ou municipales leur furent interdites ; les fonctions d'Avocat, Procureur, Médecin, leur furent ôtées ; défenses d'exercer la Chirurgie ; plus de places pour eux dans la maison du Roi, ni dans celles des Princes. Les pensions retranchées aux Officiers Protestants ; défenses à leurs Synodes de se mêler d'aucune affaire publique, ou de recevoir aucun legs, aucune donation ; défenses à leurs Ministres de rien dire contre la Doctrine Catholique ; défenses d'enseigner chez eux le Grec, l'Hébreu, la Philosophie, la Théologie. Encore quelques pas, & on touchoit au point où il sembloit qu'on voulût arriver, & qu'on dût s'arrêter. Les Protestants alloient être réduits à la tolérance la plus étroite, à la simple liberté de conscience, aux professions qui ne pouvoient leur être enlevées sans porter un trop grand préjudice au Royaume, telles que le commerce, les arts, l'agriculture & le service militaire; aux droits dont on ne peut dépouiller un citoyen sans outrager l'humanité, tels que la permission de se marier, celle d'ensevelir leurs morts, celle d'élever leurs enfants.

Il est même fort à remarquer que chaque Intendant de Province, continuant à demander la Déclaration la plus analogue à sa position, & ces Déclarations ainsi obtenues, étant aussitôt érigées en Loix générales, la Cour refusoit quelques-unes de ces demandes, dont l'injustice étoit trop manifeste, & auroit blessé la Jurisprudence du Royaume. On proposa de leur ôter le droit de tester. Le Chancelier le Tellier rejetta cette proposition. Avec quelle indignation eut-il repoussé le projet de les réduire à ce dépouillement absolu de toutes les prérogatives de citoyens, où le concours fortuit des événements les a réduits dans notre siécle ? Il existe à la Bibliothéque du Roi un recueil de Lettres de ce vieux Chancelier, adressées à tous les Parlements, sur différentes matières de Jurisprudence : on le voit rallentir leur impétuosité, se conduire en sage modérateur, en digne chef de la Justice, qui s'attachoit à ce que les Protestants conservassent tous les droits qui leur appartenoient encore. On le voit seulement au commencement de ce nouveau période, retenir d'une main plus foible cette impétuosité qui devenoit plus vive, & laisser interpréter les Loix avec rigueur.

On vouloit sur-tout que leurs Pasteurs ne se mêlassent désormais que des seuls actes de Religion, indispensables dans leur croyance; mais on leur enlevoit tout ce qui pouvoit les faire considérer comme chefs d'une Secte. On ôtoit de leurs mains le dépôt de tous les actes de baptêmes, de mariages, de sépultures, sorte de fonction purement civile, qui a fait de nos Prêtres Catholiques de véritables Officiers publics. Ce dépôt enlevé de leurs mains, fut confié à celles des Magistrats. On avoit même trouvé les moyens d'empêcher qu'ils ne prissent trop d'ascendant sur leurs dévots, & de ne leur laisser d'autres droits dans leur état, que celui qu'ils tiendroient dans chaque Province de la sagesse de leur conduite & de la volonté des Administrateurs, & non plus d'un traité avec le Prince. Si l'on eut suivi, avec persévérance, ce plan où la liberté de conscience étoit restreinte & non pas violée, où le droit naturel étoit respecté dans le temps même qu'on faisoit un usage si sévère de l'autorité Souveraine, n'est-il pas évident qu'on eût obtenu, à la longue, la conversion de presque toutes les familles. Il est dans les sentiments François de céder à l'ambition, plutôt qu'à la crainte. C'est la persécution déclarée qui a fait une lâcheté de la conversion.

En comparant les différentes Loix rendues à cette époque, il est impossible de méconnoître le plan que suivoit le ministère ; & s'il fut promptement oublié, s'il est demeuré inconnu jusqu'aujourd'hui, c'est qu'il fut renversé presque dès sa naissance par la Révocation imprévue & précipitée de l'Edit de Nantes, & par le soudain bannissement de tous les Ministres. Mais les fondemens en avoient été très-habilement posés; & nous pouvons encore les retrouver sous les débris qui les couvrent, &, pour ainsi-dire, sous cet amas de matériaux abandonnés. Il est même très-important de démontrer la réalité de ce dessein, parce que toutes ces preuves se joindront à celles qu'il nous sera facile d'accumuler, pour faire voir combien la Révocation de l'Edit de Nantes fut contraire à tout ce qu'on avoit projetté. Dès le vingt-un Août 1684, huit jours seulement après les secrétes résolutions du Conseil, on commença l'exécution de ce dessein; &, afin d'enlever aux Pasteurs Réformés ce qu'une longue habitude peut donner de pouvoir sur les esprits, il leur fut défendu d'exercer leur ministère plus de trois ans de suite dans un même lieu; tant on étoit loin de prévoir & de méditer leur prochain bannissement de tout le Royaume.

D'autres Déclarations soumirent leurs confiſtoires à l'inſpection d'un Juge Royal, confondirent les hôpitaux de leurs pauvres & de leurs malades avec ceux des pauvres & des malades Catholiques, ſans qu'on pût, en les y recevant, les forcer à changer de Religion ; on reſtreignit de toutes parts ce qu'on nommoit l'exercice perſonnel, c'eſt-à-dire le droit que les Seigneurs de fiefs avoient d'admettre chez eux leurs vaſſaux, aux pratiques de leur Religion. Mais, en même-temps qu'on fermoit au Peuple Calviniſte, les châteaux des Seigneurs: en même-temps qu'on abattoit des Temples, & qu'on forçoit les Miniſtres de s'éloigner de tous les lieux interdits, les Intendants étoient autoriſés à rappeller à leur choix tel nombre de Miniſtres qu'ils jugeroient néceſſaire, & à les établir dans les lieux où ils le trouveroient convenable.

L'état qu'on leur donnoit alors étoit précisément celui que le Clergé, avant la publication de l'Edit de Nantes, avoit autrefois demandé qu'on leur laissât.

Ce fut à Montauban, & aussi-tôt après la démolition du Temple de cette Ville, à la fin de 1683, que le Roi autorisa le premier exemple de ce rappel des Ministres au choix des Intendants. Son premier objet fut l'Administration des baptêmes. L'année suivante, M. d'Aguesseau demanda le même pouvoir pour le Vivarais & les Cévennes, parce que la sévérité de Louvois en avoit dispersé presque tous les Pasteurs. On fit bientôt le même établissement en Dauphiné, & de-là successivement en plusieurs endroits de Guyenne & de Normandie. Chaque Intendant y fut d'abord autorisé par un Arrêt du Conseil non public & non imprimé. (Nous avons retrouvé tous ces Arrêts dans les Archives.) Et, lorsqu'enfin l'exercice public du Calvinisme eut cessé dans une très-grande partie du Royaume, Châteauneuf, au commencement de Mai 1685, eut dessein de rendre, sur cette nouvelle autorité, accordée aux Intendans, un Arrêt général & public. Mais le vieux Chancelier le Tellier croyoit plus convenable, « que les Inten-» dants continuassent à rendre, sur ce » sujet, des Ordonnances particulières, » d'autant, écrivoit-il à Châteauneuf, » que c'est une chose encore plus provi-» soire que des Arrêts, & qui peut moins » dans la suite servir de Titres aux Re-» ligionnaires ». On pourroit toutefois soupçonner que ce ne fût pas le véritable motif de cette réserve, puisqu'elle cessa bientôt. Il paroit que ce vieux Chancelier sçavoit d'avance que le Clergé, prêt à s'assembler, devoit se plaindre de ce nouvel établissement,

ment, & qu'il voulut attendre la séparation de cette assemblée, pour rendre, comme il le fit, cet Arrêt public & général.

En effet le Clergé, que la dévotion du Roi, les harangues flatteuses qu'il prononçoit aux pieds du Trône, & la piété générale rendoient si puissant, porta des plaintes contre ce rappel des Ministres; elles ne furent point écoutées. Il obtint presque toutes ses autres demandes, & ne put rien changer au plan qu'on avoit adopté. Vainement il proposa que les Curés des lieux où il n'y avoit plus *d'exercice*, baptisassent les enfants des Réformés; il citoit plusieurs Synodes où ceux-ci avoient décidé que le baptême conféré par un Prêtre Catholique étoit valable. Il ajoutoit cette note sur le cahier qui fut remis au Ministre du Roi....
« Ceux de la Religion consentiroient

» plus facilement à cet article, si, au
» lieu d'être obligés de porter leurs
» enfants à l'Eglise, les Curés les al-
» loient baptiser chez eux, sans exi-
» ger aucun salaire; & si on leur
» accordoit que leurs enfants, pour
» avoir été baptisés par les Ecclé-
» siastiques, ne seront pas censés Ca-
» tholiques, à moins qu'ils n'en fas-
» sent eux-mêmes une nouvelle décla-
» ration après l'âge de sept ans ».
Non-seulement cette demande du
Clergé ne fut point admise; mais
pendant la durée même de son Assemblée, & pour ainsi dire, sous ses
yeux, on acheva d'établir dans presque tout le Royaume, cette nouvelle
espèce de Pasteurs, au choix des
Intendants. Le 16 Juin 1685, des
Arrêts pareils les uns aux autres,
furent expédiés pour donner à ce sujet, les mêmes pouvoirs aux Intendants de Languedoc, de Poitou, de

Bearn, du Soiſſonnois, en un mot de toutes les Provinces où il y avoit des Religionaires.

Une autre demande du Clergé donna même occaſion de conſommer cet ouvrage. Il ſe plaignoit que, depuis l'interdiction d'un ſi grand nombre de Temples, les Proteſtants, ſoit pour entendre le Prêche ou participer à la Cène, ſoit pour faire bénir leurs mariages, ſe rendoient en foule & de plus de trente lieues, dans les Temples qui ſubſiſtoient encore; qu'ils chantoient ſur leurs routes des pſeaumes à haute voix, & que cette nombreuſe affluence d'Hérétiques formoit un triſte ſpectacle pour la vraie Religion. Il demanda donc qu'il leur fût défendu d'aller aux exercices de leur Culte, hors des Bailliages où ils avoient leurs domiciles. Cette défenſe fut auſſi-tôt promulguée, & la diſcuſſion de cette Loi, diſcuſſion qui

S ij

fut mife fous les yeux du Roi, & qui fubfifte dans les Archives, mais qui feroit trop faftidieufe à rapporter ici, contient une preuve de la perfuafion où l'on étoit alors, que cet état des chofes devoit durer long-temps.

Mais, auffi-tôt que cette défenfe leur eut été faite, il fallut pourvoir à la bénédiction de leurs mariages; &, à peine l'Affemblée du Clergé eut-elle été féparée, qu'il fut rendu, à ce fujet, un Arrêt public & général. Cet Arrêt ordonne que, dans chaque lieu interdit ; « l'un des Pafteurs précé-
» demment établis par les Intendants,
» donnera la bénédiction nuptiale,
» fans y joindre aucun prêche, exhor-
» tations ni exercice de la Religion
» prétendue réformée ; que ce qui eft
» marqué dans leurs livres de difcipli-
» ne, ni qu'aucuns Religionaires, au-
» tres que les proches parents des
» perfonnes qui feront à marier, juf-

» qu'au quatriéme dégré, y puiffent
» affifter, & que les bans feront pu-
» bliés par le Juge du lieu, à l'Au-
» dience, & les regiftres des mariages,
» tenus au Greffe de la Juftice ».

Cet Arrêt, figné le 15 Septembre 1685, un mois feulement avant la révocation, fut rendu au Confeil du Roi : non pas *au Confeil des Parties*, préfidé par le Chancellier & auquel le Roi n'affifte point, mais au Confeil des Dépêches, *Sa Majefté y étant*; il fut donc rendu par le Roi, délibéré en fa préfence par tous fes Miniftres, par Louvois, Seignelai, Châteauneuf, par le vieux Chancelier le Tellier qui le figna. Ce Chef de la Magiftrature confentoit donc que les Proteftants puffent, dans la fuite des temps, s'en faire un titre; ce font les expreffions même dont il s'étoit fervi; & c'eft ce droit qu'ils peuvent réclamer aujourd'hui, ou du moins qu'ils pourront réclamer, dès qu'ils seront reconnus pour Protestants.

Telles sont les Loix qui, dans la ruine de l'Edit de Nantes, étoient destinées à leur assurer un état civil, & une tolérance légale. Si en effet on les eût rendues générales pour tout le Royaume, comme il est évident qu'on en avoit le dessein, l'Edit de Nantes se seroit trouvé annullé sans une révocation positive; dans un espace de temps qu'on ne peut calculer, il seroit tombé de lui-même. Déjà les Protestants étoient réduits au point où le plus léger intérêt les forçoit à embrasser un autre Culte, au point au-dessous duquel on ne pouvoit les faire descendre sans blesser la Justice, sans outrager l'Humanité. Un pas de plus, & le Roi se trouvoit engagé dans une persécution contraire à ses lumières naturelles & à son caractère.

CHAPITRE XV.

Pendant que le Conseil se conduisoit sur ces principes, il se passoit dans les Provinces des choses qui alloient tout changer. Les *Mémoires* du temps les plus irrécusables, sont absolument d'accord sur ce fait. Ce ne sont point les *Relations* des Réformés que nous rapporterons : la douleur est sujéte à exagérer.

Voici d'abord comment s'exprime Madame de Caylus:

« Le projet étoit grand, beau &
» même politique, si on le considère
» indépendamment des moyens qu'on
» a pris pour l'exécuter ». Elle resserre ensuite, en quelques phrases, le récit de plusieurs années, se contente de donner une idée juste des faits principaux, & ajoute : « Monsieur de

» Louvois eut peur, voyant la paix
» faite, de laisser trop d'avantage sur
» lui aux autres Ministres, & il
» voulut, à quelque prix que ce fût,
» mêler du militaire dans un projet
» qui ne devoit être fondé que sur la
» charité & sur la douceur.... Il de-
» manda au Roi la permission de faire
» passer dans les villes Huguenotes, des
» Régiments de Dragons, l'assûrant
» que la seule vue de ses troupes, sans
» qu'elles fissent rien de plus, que de
» se montrer, détermineroit les esprits
» à écouter plus volontiers la voix des
» Pasteurs qu'on leur enverroit. Le
» Roi » (c'est le passage que nous avons
déjà cité) « se rendit contre ses propres
» lumières, & contre son inclination
» naturelle qui le portoit toujours à
» la douceur. On passa ses ordres, &
» on fit, à son insçu, des cruautés qu'il
» auroit punies, si elles étoient venues
» à sa connoissance; car M. de Louvois

» se contentoit de lui dire, chaque
» jour, tant de gens se sont convertis,
» comme je l'avois dit à Votre Ma-
» jesté, à la seule vue de ses troupes ».

D'Aguesseau, depuis Chancelier de France, alors âgé de dix-sept ans, & témoin oculaire de ce qui se passa en Languedoc, s'exprime ainsi dans la *Vie de son père*, Ouvrage qui n'est point encore connu du Public : « Je
» ne nommerai point ici l'Intendant
» qui, par une distinction peu hono-
» rable pour lui, fut chargé de faire
» le premier essai d'une méthode si
» nouvelle pour la conversion des Hé-
» rétiques. Il étoit des amis de mon
» père & des miens ; homme d'un es-
» prit doux ; aimable dans la Société,
» orné de plusieurs connoissances, &
» ayant du goût pour les Lettres
» comme pour ceux qui les cultivent;
» mais, soit par un dévouement trop
» ordinaire aux Intendants pour les

» ordres de la Cour, soit parce qu'il
» croyoit, comme bien d'autres, qu'il
» ne restoit plus dans le Parti Pro-
» testant qu'une opiniâtreté qu'il fal-
» loit vaincre ou plutôt écraser par
» le poids de l'Autorité, il eut le mal-
» heur de donner au reste du Royau-
» me un exemple qui ne fut que trop
» suivi, & dont le succès surpassa
» d'abord les espérances mêmes de
» ceux qui le faisoient agir. Il n'eut
» besoin que de montrer les troupes,
» en déclarant que le Roi ne vouloit
» plus souffrir qu'une seule Religion
» dans ses Etats; & l'Hérésie parut
» tomber à ses pieds. Les abjurations
» ne se faisoient plus une à une; des
» Corps & des Communautés entières
» se convertissoient par délibération,
» & par des résultats de leurs Assem-
» blées; tant la crainte avoit fait d'im-
» pression sur les esprits, ou plutôt,
» comme l'évènement l'a bien fait

» voir, tant ils comptoient peu tenir
» ce qu'ils promettoient avec tant de
» facilité ».

Me seroit-il permis d'interrompre M. le Chancelier d'Aguesseau, & d'oser demander à un Juge si éclairé & si grave, pourquoi il leur reproche cette facilité ? Si, d'un côté, il se trouva dans le Parti oppresseur, des Casuistes mitigés qui soutinrent qu'on devoit se contenter d'abjurations arrachées par la crainte, & de conversions hypocrites, il se trouva aussi parmi les Protestants des Casuistes mitigés, qui pensèrent que de telles abjurations ainsi extorquées, étoient évidemment nulles ; que c'étoient des actes indifférents, & permis pour se soustraire à la persécution. Tout se réduisoit donc, des deux parts, à la plus scandaleuse comédie.

« C'étoit », ajoute le Chancelier d'Aguesseau, « dans une Province voi-

» sine du Languedoc, que se passoit
» un évènement si extraordinaire.
» Mon père, qui en sentoit toutes les
» conséquences, en fut aussi effrayé
» par des vues de Politique, que par
» un sentiment de Religion. Il pré-
» voyoit dès-lors ce que la Cour n'a
» voulu croire que quand le mal a
» a été sans remède, la fuite & la
» désertion d'une grande partie des
» Religionnaires »…. Il déplore avec
éloquence les désastres de cette émigration; & il raconte que son père
demanda aussi-tôt sa retraite ; mais
qu'un délai involontaire le rendit
spectateur, malgré lui, des maux dont
il vouloit éviter d'être témoin ; &
qu'à la faveur des Dragons qui remplissoient la ville de Montpellier, les
Prêtres ne pouvoient plus suffire à
recevoir la foule des Calvinistes, qui
se hâtaient de venir faire leur abjuration. « La manière dont ce miracle

» s'opéroit, n'a été », ajoute-t-il, « que
» trop connue : mon sujet ne m'oblige
» point à l'expliquer ; & plut-à-Dieu
» qu'il me fût aussi possible d'en effacer
» à jamais le souvenir de la mémoire
» des hommes, qu'il m'est aisé de n'en
» point parler. Les faits singuliers
» qu'on venoit, tous les jours, nous ra-
» conter, auroient suffi pour percer
» un cœur moins sensible & moins
» religieux que celui de mon père ».

Quelles étoient cependant les *Relations* mises sous les yeux du Roi ? Nous avons trouvé dans les Archives du Louvre, l'original même de la *Relation* des conversions faites en Béarn. C'est cette Province que M. d'Aguesseau indique comme voisine du Languedoc, & où il dit que se fit le premier essai d'une mission si étrange.

Mais, pour bien développer cet événement, il est nécessaire de reprendre ce récit d'un peu plus haut.

Quand on avoit suspendu ces premières Dragonnades, dont Marillac avoit donné l'exemple, on n'avoit point révoqué cette fatale Ordonnance qui les autorisoit; cette *exemption de loger des gens de guerre, accordée pour deux ans aux nouveaux Convertis.* On sait que, sous ce régne, l'autorité Royale céda quelquefois, mais ne parut jamais se retracter; & s'il nous est permis d'interprêter la conduite de Louvois, par son caractère, par son ambition, par sa conduite précédente & par celle que désormais il va tenir, nous dirons que ce Ministre, trop prévoyant pour ne pas s'opposer d'abord aux progrès de la dévotion du Roi, trop ambitieux, pour ne pas songer ensuite à s'emparer seul de la conversion générale du Royaume, s'étoit reservé le pouvoir d'user des mêmes moyens, si les mêmes circonstances renaissoient encore. En effet, dès le mois de Mars 1685, il méditoit de recommencer les *Dragonnades*. On voit par ses Lettres, conservées au dépôt de la guerre, qu'il prenoit de secrets arrangements pour renouveller à quelque-temps de-là, en Poitou & dans le pays d'Aunis, l'essai de convertir les Huguenots, par le logement arbitraire des Troupes; lorsqu'un événement inattendu précipita toutes ses mesures. Une Armée Françoise marcha en Béarn & fut destinée à faire une irruption en Espagne. Des motifs absolument étrangers aux conversions, occasionnèrent la marche de cette Armée; & nous les rapporterons ici, parce qu'on y verra la première origine d'événements qui, de nos jours, ont menacé & menacent encore la tranquillité générale de l'Europe.

Le Roi venoit de dicter aux Rivaux de la France les conditions d'une longue tréve. L'Europe, presque entière, avoit subi les Loix qu'il lui avoit imposées, quand des avis sûrs & secrets lui apprirent qu'il se tramoit à Vienne & à Madrid des projets contraires à ses intérêts. Charles II, Roi d'Espagne, marié depuis six ans à une Princesse du Sang de France, n'avoit point d'enfants; & son extrême foiblesse donnoit déjà lieu à former de grands desseins sur la succession éventuelle des différents Etats qui composoient la Monarchie Espagnole.

On proposoit au Roi d'Espagne d'abandonner dès-lors le Gouvernement des Pays-Bas à l'Electeur de Bavière, destiné pour Epoux à une Archiduchesse d'Autriche; &, par une suite des arrangements qui seroient pris pour assûrer la Monarchie Espagnole à ces deux Epoux, les Etats de Bavière devoient être réunis à ceux de la Maison d'Autriche en Allemagne. A cette

A cette nouvelle, reçue à la fin du mois de Mars, Louis XIV fit avancer une Armée fur la frontière d'Espagne. Soyons juftes, & fachons admirer les talens extraordinaires de ce même Miniftre, fi dangereux alors pour la profpérité intérieure du Royaume. En quinze jours, une Armée nombreufe, pourvue de tout ce qui étoit néceffaire pour entrer en Campagne, fe trouva portée en Béarn, & prête à paffer les frontières. Un Ambaffadeur de France étoit lentement en route pour Madrid. Il reçoit ordre d'accélérer fon voyage, & de notifier au Roi d'Efpagne, « que le Roi » va employer tous les moyens que » Dieu lui a mis en main, pour empê- » cher l'exécution des projets qu'on » tramoit, & que, s'il ne reçoit une » réponfe prompte & précife, l'Ar- » mée qui s'affemble en Béarn, va » porter auffi-tôt la Guerre dans les

T

» endroits les plus sensibles à la Mo-
» narchie Espagnole ».

Tels étoient alors la puissance & l'orgueil de la France : ainsi s'est terminé un des plus beaux périodes de gloire qu'ait jamais eu aucun Empire. Il commence avec la paix intérieure du Royaume sous Henri IV, & le moment où l'Edit de Nantes fut révoqué, en a marqué le terme. Par quelle fatalité la France va-t-elle tarir pour un long tems la source de ses richesses, envoyer à ses ennemis ses meilleurs Matelots, une élite de ses braves Officiers, des Corps nombreux de Soldats aguerris par ses victoires, livrer à ses rivaux tous les Arts qui la rendoient si florissante, & se faire à elle-même une plaie que plus de cent années n'ont pas encore fermée !

Ce fut donc pendant le séjour de cette Armée en Béarn, que l'Intendant de cette Province, se livrant à un zèle Apostolique, déclara que le Roi ne vouloit plus qu'une Religion dans ses Etats. Cet Intendant, qui se nommoit *Foucault*, étoit petit-fils de l'Ingénieur qui proposa & fit exécuter la Digue de la Rochelle. Il semble qu'il eût pris dans la gloire même de sa famille, ce zèle héréditaire pour l'extinction d'une Secte que son Aïeul avoit tant contribué à affoiblir. Il méritoit d'ailleurs tous les éloges que fait de lui le Chancelier d'Aguesseau. Il s'étoit rendu recommandable dans ses diverses Intendances, pas ses soins pour l'embellissement des Villes. Son érudition étoit vaste, & c'est à lui qu'on doit, par un contraste assez étrange, la découverte & la publication d'un fameux Ouvrage de l'Antiquité, *sur la mort des Persécuteurs*. Tout ce que peut imaginer la licence du Soldat fut exercé en Béarn contre les Calvinistes. On attribue à cet Intendant d'avoir perfectionné plus d'un genre de torture.

« On s'étudioit », disent les Mémoires du temps, « à trouver des tourments qui fussent douloureux sans être mortels, & à faire éprouver à ces malheureuses victimes tout ce que le corps humain peut endurer sans mourir ».

Et cependant la relation mise sous les yeux du Roi, ne parle ni de violences ni de Dragonnades. On n'y entrevoit pas qu'il y ait un seul soldat en Béarn. La conversion générale paroît produite par la Grâce divine. Il ne s'agit que d'annoncer les intentions du Roi ; que d'instruire des gens qui s'empressent à demander d'être instruits. C'est par-tout une soumission prompte, & qui semble prévenir les volontés d'un Prince dont toutes les entreprises sont favorisées du Ciel. Tous courent aux Eglises Catholiques pour chanter le *Te Deum*, en actions de grâces, & l'on solemnise cette heureuse réunion par des feux de joie, au bruit du canon, & aux acclamations unanimes de *Vive le Roi*.

Ce succès prétendu, les éloges & les honneurs mêmes qui furent prodigués à l'Intendant, excitèrent aussitôt l'émulation d'un grand nombre de ses confrères. Ceux des Généralités voisines demandoient à l'envi d'employer les mêmes troupes. Mais l'armée continuoit de camper sur les frontières d'Espagne; & quoique cette Cour n'eût pas différé d'un moment la réponse qu'on avoit exigée d'une manière si menaçante, on employoit la présence de cette armée pour terminer, par une suite de négociations semblables, d'autres difficultés survenues à l'exécution des derniers Traités.

Dans les premiers jours du mois d'Août, les troupes Françoises quittèrent enfin cette frontière, & ce qui détermina leur retraite n'est pas moins mémorable que leur funeste destination en rentrant dans le Royaume.

Louis XIV instruisit son ambassadeur du dessein, formé par le Conseil Autrichien & par les Partisans de la Cour de Vienne en Espagne, de porter le Roi Catholique à assurer sa succession ou à l'Archiduc ou à l'Archiduchesse, ou à quelque autre Prince qui fût capable de s'opposer aux droits de la maison de France. Il lui ordonne de veiller aux intrigues qui pourroient se tramer, de s'occuper à calmer les anciennes haines des Espagnols contre la France, & pour cet effet : « Vous leur ferez connoître
» que tous mes desseins ne tendent
» qu'à affermir la paix de l'Europe....
» & à profiter d'une si favorable con-
» joncture de temps, pour ajouter au
» bonheur de mes Sujets, celui d'une

» parfaite & entière réunion au giron
» de l'Eglife, & pour contribuer, au-
» tant qu'il me fera poffible, à l'aug-
» mentation de notre Religion dans
» tous les autres Etats Chrétiens où
» elle commence à revivre ».

Louvois adreffa auffi-tôt le premier ordre pour les grandes & fameufes Dragonnades, au Marquis de Boufflers, Général de l'armée affemblée en Béarn. Je mettrai cette Lettre en entier fous les yeux du Lecteur, & quelques paffages des Lettres fuivantes, où les mêmes ordres feront plus développés. Elle eft du 31 Juillet 1685.

« Vous aurez vu, par mes précé-
» dentes, qu'il n'y avoit point d'appa-
» rence que le Roi vous ordonnât
» cette année de faire aucune irrup-
» tion en Efpagne. Je ne puis préfen-
» tement que vous confirmer la même
» chofe ; le Confeil de Madrid con-

» sentant sur les instances qui lui sont
» faites de la part du Roi, à tout ce
» que Sa Majesté peut désirer; ce qui
» lui a fait juger à propos de se servir
» des troupes qui sont à vos ordres,
» pour, pendant le reste de cette an-
» née, diminuer, le plus que faire se
» pourra, dans les Généralités de Bor-
» deaux & de Montauban, le grand
» nombre de Religionnaires qui y sont,
» & essayer d'y procurer, s'il est possi-
» ble, un aussi grand nombre de con-
» versions qu'il s'en est fait en Béarn ».

« Pour y parvenir, Sa Majesté dé-
» sire que vous conferiez avec MM.
» de Ris & de la Berchère, (Intendants de ces deux Généralités) &
» vous informiez d'eux des endroits
» de leur département, où il y a le
» plus de Religionnaires ; qu'en exé-
» cution des Ordres de Sa Majesté,
» dont je vous envoye un grand nom-
» bre en blanc, & que vous remplirez

» pour cet effet, vous fassiez marcher
» dans chaque Communauté le nom-
» bre de Cavalerie, d'Infanterie, ou
» de Dragons que vous concerterez
» avec eux; que vous les fassiez loger
» entièrement chez les Religionnaires,
» & les délogiez de chez chaque par-
» ticulier, à mesure qu'il se conver-
» tira; que vous retiriez les troupes
» de la Communauté, pour les en-
» voyer dans une autre, lorsque tous
» les Religionnaires seront convertis,
» même lorsque la plus grande partie
» aura pris le bon parti, différant jus-
» qu'à un autre temps de faire con-
» vertir le reste, suivant qu'il vous
» sera expliqué ci-après ».

» Que, pendant le temps que les
» troupes seront chez lesdits Reli-
» gionnaires, vous ne souffriez point
» qu'elles y fassent d'autres désordres
» que de retirer 20 sols par place de
» Cavalier ou Dragon, pour le four-

» rage & uftenfile ; & 10 fols par place
» de fantaffin, pour le même uftenfile».

« Que vous faffiez punir très-févè-
» rement les Officiers, Cavaliers, Sol-
« dats ou Dragons, qui outrepaffe-
» ront ce que vous aurez réglé».

» Que, fi ce qui s'exécutera, à l'é-
» gard des Religionnaires, en portoit
» quelques-uns à tenir quelques dif-
» cours féditieux, vous les faffiez dili-
» gemment arrêter & remettre entre
» les mains du Parlement, du reffort
» du quel il fera, pour lui être fait
» fon procès ».

» Que, fi quelque Communauté pre-
» noit les armes, ou que les Religion-
» naires fiffent quelque affemblée, Sa
» Majefté vous ordonne de lui en ren-
» dre compte en même temps par un
» courier exprès; cependant d'affem-
» bler des troupes, fans attendre de
» nouveaux ordres, & d'y marcher fi
» fort que vous puiffiez les diffiper;

» & par des exemples sévères que
» vous feriez faire sur le champ de
» tous ceux qui se trouveroient les
» armes à la main, ôter aux autres
» l'envie de suivre un si mauvais exem-
» ple ».

» Sa Majesté a vu par les Lettres
» de M. de Ris, qu'il y a 150,000
» Religionnaires dans son départe-
» ment; elle n'est pas encore infor-
» mée du nombre qu'il y en a dans
» la Généralité de Montauban, où
» cependant Sa Majesté ne doute
» point qu'il y en ait très-grand nom-
» bre ».

» Il sera de vos soins d'examiner
» avec eux combien il y en a, à-peu-
» près, en chaque Election, & quelles
» sont les Villes ou gros Bourgs qui
» en sont les plus remplis ; & c'est
» par ceux-là, c'est-à-dire par les
» Villes, Bourgs & Villages, qui en
» sont les plus remplis, que vous de-

» vez commencer l'exécution des or-
» dres de Sa Majesté, observant d'es-
» sayer de diminuer le nombre des
» Religionnaires dans chaque endroit,
» de manière que, dans chaque Com-
» munauté, les Catholiques soient deux
» ou trois fois plus forts que les Reli-
» gionnaires, en sorte que, lorsque
» dans la suite Sa Majesté voudra ne
» plus permettre l'exercice de cette
» Religion dans son Royaume, il n'y
» ait plus à appréhender que le petit
» nombre de Religionnaires qui re-
» steront, puisse rien entreprendre ».

» Dans cette vue, lorsque dans une
» Ville ou Communauté il se fera assez
» converti de Religionnaires, pour
» que le nombre des Catholiques leur
» soit beaucoup supérieur, Sa Majesté
» approuve que vous en retiriez les
» troupes, pour les envoyer dans une
» autre, & continuyez à en user de
» même, jusqu'à ce que lesdits Reli-

» gionnaires foient devenus confidé-
» rablement moins forts en nombre
» dans toutes les Communautés qui
» compofent lefdites deux Généra-
» lités ».

Ainfi, dans le temps même où l'on donnoit ces ordres févères, on ne s'étoit procuré d'avance aucun dénombrement des Hugenots; & certes, fous un tel Miniftère, ce dénombrement eût précédé l'exécution d'un grand deffein: s'il étoit vrai que ce grand deffein eût été médité, & que la feule occafion ne l'eût pas fait naître.

Dans les ordres fuivants, on voit que Louvois lui-même ne s'attendoit pas à cette prompte impreffion de terreur qu'alloit produire la préfence de cette armée.

Il récrit le 24 Août, à M. de Boufflers...... « Le Roi ne croit point
» qu'il faille effayer de porter des

» Communautés entières à se con-
» vertir. Sa Majesté est persuadée
» qu'il vaut beaucoup mieux les pren-
» dre par le détail, & s'appliquer
» uniquement à diminuer leur nom-
» bre, de manière qu'ils ne soient
» supérieurs en aucune Communauté.
» Elle a toujours regardé comme un
» avantage pour la conversion de ses
» sujets, que les Ministres passassent en
» pays étranger; ainsi, bien loin de
» leur en ôter l'espérance, comme vous
» le proposez, elle vous recommande
» par les logements que vous férez
» établir chez eux, de les porter à
» sortir de la Province, & à profiter
» de la facilité avec laquelle le Roi
» leur accorde la permission de sortir
» du Royaume….

Il récrit encore le 30 Août……
« Je vous supplie de vous souvenir de
» ce que je vous ai déjà mandé plu-
» sieurs fois, qui est qu'il faut tâcher de

» multiplier les conversions, sans se
» vouloir attacher à faire qu'elles soient
» générales, ni que les plus riches se
» convertissent, & qu'il suffit, quant
» à présent, de faire diminuer con-
» sidérablement le nombre des Reli-
» gionnaires. C'est à quoi l'intérêt de
» sa Majesté est que vous vous atta-
» chiez, sans vous arrêter à tout ce
» qui pourra vous être proposé à cet
» égard, ni de la part des Ecclésias-
» tiques, ni de la part de MM. les In-
» tendants, qui me paroissent attachés
» à procurer la même chose, que ce
» qui s'est passé en Béarn, de quoi,
» sans miracle, ils ne viendront point
» à bout ».

Les ordres généraux qui se retrouvent dans toutes les Lettres adressées aux Intendants, pour la marche successive des troupes, sont toujours « *d'essayer*, s'il est possible, de pro» curer des conversions, de ne point

» s'attacher à tout convertir, & de » laisser les opiniâtres dans leur er- » reur ».

Cependant les prétendues conversions s'opèrent avec plus de facilité & de rapidité, qu'on ne s'y étoit d'abord attendu. Les uns ne croyoient pas, en cédant à la violence, abandonner leur Foi. D'autres, quoique tourmentés par le cri de leur conscience, cédoient à une crainte présente, & retournoient en secret à leur culte, avec d'autant plus de ferveur, qu'ils avoient à expier le crime de l'avoir publiquement abandonné. D'autres, ne cherchoient par une feinte abjuration, qu'à s'assurer le temps de fuir. Mais le Ministre s'applaudissoit de ce succès illusoire. Dans les premiers jours de Septembre, il mande au vieux Chancelier son père : » Il s'est fait 60,000 conversions dans » la Généralité de Bordeaux, & 20,000

» 20,000 dans celle de Montauban.
» La rapidité dont cela va, est telle
» qu'avant la fin du mois, il ne res-
» tera pas dix mille Religionnaires,
» dans toute la Généralité de Bor-
» deaux, où il y en avoit 150,000,
» le 15 du mois passé.

Il répond, le même jour, à Boufflers, & ne peut s'empêcher de lui
marquer son étonnement. « Le Roi
» a appris avec une très-grande joie,
» quel a été le *surprenant* succès de
» l'exécution des ordres qu'il vous
» avoit donnés. . . . . . Son intention
» n'est point, quant à présent, d'em-
» ployer des troupes pour convertir le
» peu de Religionnaires qui sont à
» Bordeaux ; &, si les insinuations de
» M. de Ris, ne peuvent pas les
» porter à prendre le bon parti, Sa
» Majesté verra, par la suite, ce qu'il
» y aura à faire après que les Re-
» ligionnaires du reste de la Pro-

» vince auront été convertis, ou con-
» sidérablement diminués de nombre...
» Sa Majesté se remet à vous, de faire
» marcher vers la Saintonge, le nom-
» bre d'Infanterie, de Cavalerie & de
» Dragons, que vous jugerez à pro-
» pos.... pour essayer d'y faire la
» même chose que vous avez si bien
» exécutée dans ces deux Généra-
» lités......»

.... « Si les Gentils-Hommes de la
» Religion, continuent à s'opiniâtrer,
» & ne sont point portés à se con-
» vertir, par ce que vous ou MM.
» de Ris & de la Berchère, leur
» pourrez faire dire, Sa Majesté trou-
» vera bon que vous fassiez loger chez
» ceux qui ne sont point actuellement
» dans les troupes, ou n'y ont point
» servi vingt ans.

« Vous observerez aussi de ne point
» loger chez ceux qui sont d'une
» qualité distinguée ; mais aussi, en ne

» vous expliquant point que le Roi
» ne défire pas qu'on y loge, vous
» leur pouvez laisser appréhender
» qu'ils n'ayent des logements à leur
» tour, s'ils ne songent à quitter une
» Religion qui déplaît à Sa Majesté,
» &, s'il demeurent les derniers avec
» opiniâtreté dans les erreurs où ils
» font. Que si cela ne suffit pas, vous
» pourrez vous servir des Lettres-de-
» Cachet, que le Roi a ordonné à
» M. de Châteauneuf d'envoyer en
» blanc à Messieurs de Ris & de la
» Berchère, pour faire reléguer quel-
» ques-uns de ceux qui se distingue-
» ront le plus en opiniâtreté, ou en
» empressement à empêcher les con-
» versions. Mais vous ne devez vous
» servir de cet expédient qu'avec
» beaucoup de discrétion, étant fort
» peu important au bien du Royaume
» qu'il reste quelques Gentils-hommes
» de plus ou de moins, dans les

V ij

» Provinces, pourvû qu'il n'y reſte
» plus de peuple pour les ſuivre,
» s'ils vouloient entreprendre quelque
» choſe contre la tranquillité de l'Etat.
» L'on peut même s'aſſûrer que la plû-
» part changeront bientôt, quand ils
» n'auront plus de *lieux d'exercice*,
» & qu'ils ſeront environnés de Ca-
» tholiques.... »

Les troupes, en avançant dans les Provinces, recevoient conſtamment les mêmes ordres. Louvois écrivit, le 8 Septembre, à l'Intendant de Poitou : « Je vous répéte qu'il faut ſe contenter
» de convertir la plus grande partie
» des Religionnaires... & de ne point
» vouloir les convertir tous, tout d'un
» coup, étant important de ne pas
» obliger à quitter le pays les familles
» puiſſantes leſquelles, faiſant le Com-
» merce de la Province, y procurent
» un grand avantage ».

Il eſt donc démontré que, même

en exécutant ces fameuses *Dragonnades*, & dans l'étonnement & la joie que causoit un succès apparent & qui passoit toutes les espérances, on comptoit qu'il resteroit encore, au moins pendant quelques années, un assez grand nombre de Religionnaires répandus dans le Royaume : & c'est le moment où le Conseil du Roi, malgré les deux systêmes opposés que suivoient les Ministres, & qu'ils suivirent encore quelques mois, s'accorda cependant sur la tolérance civile dont nous avons développé tout le plan. Ce fut alors qu'on stipula les nouvelles formes du Baptême des Calvinistes & de leurs Mariages, & qu'on établit des Pasteurs dans les Provinces, au choix des Intendants.

Il est également démontré que, dans le cours même de ces violences, ceux qui ne vouloient plus laisser dans cette Religion, qu'un petit nombre d'opiniâtres, n'ont point eu la pensée qu'on dût les réduire à cette mort civile, à cette impossibilité de constater légalement leur existence, où leur mauvaise fortune les a réduits de nos jours.

Nous ne tarderons pas à voir ce qui précipita encore les résolutions, & empêcha de laisser établir ce nouveau plan de tolérance, quelque passager qu'il dût être. Mais ce qu'il faut montrer maintenant, c'est que le Roi étoit persuadé qu'il n'y avoit point eu d'extrêmes violences. Il croyoit que, pour un médiocre intérêt pécuniaire, pour écarter ou prévenir quelques troubles domestiques, des gens peu attachés à leur Religion, l'avoient promptement abandonnée. Il défendoit que les Soldats vécussent à discrétion chez les Religionnaires. Ses défenses, il est vrai, demeuroient secrétes; & le succès, c'est-à-dire quelques prétendues

conversions obtenues par la désobéissance des Officiers ou des Soldats, suffisoit pour qu'elle demeurât impunie. Louvois écrit à Boufflers, le 19 Septembre: « M. de Larrey me man-
» de que, n'étant resté qu'un Reli-
» gionnaire dans une petite ville,
» nommée Montignac, il y a établi
» huit Dragons en garnison. J'ai en-
» core reçu une autre Lettre de M.
» Dufauſſai, par laquelle il me mande
» qu'il a mis des Dragons pour *vivre*
» *à diſcrétion* chez des Religionnaires...
» Ce qu'ils ont fait, l'un & l'autre, eſt
» contraire à ce que je vous ai mandé
» des intentions de Sa Majeſté qui
» eſt encore perſuadée que, quand il
» reſte un opiniâtre dans un endroit,
» il le faut laiſſer ; & que le mépris
» qu'on fait de lui, joint aux charges
» qu'il ſera aiſé à un Intendant de
» lui impoſer, fera, dans la ſuite,
» l'effet qu'on peut déſirer pour ſa

» conversion, sans qu'on soit obligé
» de faire de nouvelles violences
» semblables à celles dont parlent ces
» deux Messieurs. C'est de quoi j'ai
» cru ne devoir écrire qu'à vous, afin
» que, sans qu'il paroisse que le Roi
» ait désaprouvé rien de ce qui a été
» fait, vous puissiez pourvoir à ce que
» les gens qui sont sous vous, se con-
» tiennent dans les bornes prescrites
» par les ordres de Sa Majesté ».

Il écrit encore, le 6 Octobre : «On
» ne peut être plus mal satisfait que
» Sa Majesté l'a été de la conduite
» du Maire de Xaintes, qui a envoyé
» des troupes hors de son ressort; en-
» core plus de l'Officier qui a reçu ses
» ordres sans en avoir votre permis-
» sion. Sa Majesté n'a pas jugé à-pro-
» pos de faire une plus grande démon-
» stration contr'eux, puisque ce qu'ils
» ont fait a si bien réussi, & qu'Elle
» ne croit pas qu'il convienne qu'on

» puisse dire aux Religionnaires, que
» Sa Majesté désapprouve quoi que
» ce soit de ce qui a été fait pour les
» convertir ».

Ne faut-il pas répéter ici ce que nous avons dit à l'occasion du premier essai des Dragonnades dans le Poitou. On seroit insensé de croire que M. de Louvois présumât assez de son autorité, de l'exacte discipline qu'il maintenoit dans les troupes, & de la vigilance qu'il prescrivoit aux Commandants, pour se figurer qu'en livrant ainsi les Calvinistes, & leurs richesses, & leurs familles, au Fanatisme populaire & à la licence du Soldat, il contiendroit ces désordres dans des bornes circonscrites, & les arrêteroit au point juste où il le voudroit. Mais une paix de vingt années, qui avoit d'abord paru nécessaire pour achever la conversion générale du Royaume, ne convenoit pas à ce Ministre, dont les grands talents avoient si bien secondé la passion de son Maître pour la guerre. Il craignoit de le voir donner vingt années à ces soins de conversions; &, ne pouvant plus l'en détourner, il ne songea plus qu'à tout achever à la hâte.

Nous venons de voir quels étoient les ordres donnés au nom du Roi. Voyons à présent quels étoient les rapports mis sous ses yeux. L'infidélité des *Relations* du Béarn suffiroit pour faire présumer ce que furent toutes les autres: mais, afin de répandre plus de jour encore sur ces éclaircissements, nous en allons rappeller ici qui sont déjà connues du Public. Le Duc de Noailles, dont la vertu étoit généralement respectée, commandoit en Languedoc: cette Province avoit toujours passée pour le foyer du Calvinisme. Noailles s'y rendit vers le milieu de Septembre. Cet habile Courtisan auroit-il pu laisser échapper une telle occasion de prouver son zèle ? Il n'avoit que très-peu de temps à donner à ces conversions, parce que l'assiduité même de Courtisan le rappelloit à Versailles, où son service, comme Capitaine des Gardes, devoit commencer le 1 Janvier 1686. Voici comme il représente ce spectacle, dont la vue avoit fait fuir d'Aguesseau père, & dont le souvenir faisoit encore, après cinquante ans, frémir son fils le Chancelier d'Aguesseau.

Le Rédacteur des *Mémoires de Noailles* s'exprime ainsi. « Ce n'est
» point la cruelle Dragonnade dont
» les Calvinistes ont tant parlé ; c'est
» une exécution rapide dont le succès
» apparent éblouit d'abord le Duc
» de Noailles, homme vrai, judicieux,
» & passionné pour le bien public....
« Il annonce, en débutant, la con-
» version des Villes de Nîmes, Uzès,
» Alais, Villeneuve, &c. Les plus

» considérables de Nîmes, écrit-il à
» Louvois, firent abjuration dans l'E-
» glise, le lendemain de mon arrivée.
» Il y eut ensuite du réfroidissement,
» & les choses se remirent dans un bon
» train, par quelques logements que
» je fis faire chez les plus opiniâtres ».
On lit dans une Lettre séparée,
& qui, selon toute apparence, n'étoit
pas destinée à être mise sous les yeux
du Roi; « que deux de ces logements
» furent de cent hommes chacun ».

« Je me dispose à aller parcourir les
» Cévènes, & j'espère qu'à la fin de
» ce mois, il ne restera pas un Hugue-
» not. Ce qui vous fera plaisir, & qui
» est plus convenable à la bonté du
» Roi pour ses Sujets, c'est qu'il n'y
» a point eu de logement chez les Re-
» ligionnaires, que par l'étape. Le mau-
» vais tems, les longues marches, &
» le peu d'habileté des Consuls de ce
» pays-ci, qui ne sont pas accoutumés

» à recevoir des Troupes, ont pu don-
» ner lieu à quelque défordre, que j'ai
» réparé autant que j'ai pu, ayant fait
» rendre jufqu'à la moindre chofe qui
» avoit été prife».... Il ne tarde pas
» à répondre fur fa tête, qu'avant le
» 25 Novembre, la Province n'aura
» plus du tout des Huguenots.....

Il écrit de Florac, le 15 Octobre,
« qu'il y a déjà plus d'un tiers du Gévau-
» dan de converti; qu'il mène tou-
» jours avec lui des Dragons pour
» faire ces Miffions; que, fi le Roi vou-
» loit avoir la charité d'accorder aux
» Convertis quelques remifes fur la
» taille, cela produiroit un bon effet;
» car, quoiqu'on les ait fort ménagés,
» à caufe de leur prompte obéiffance,
» il ne fe peut qu'ils n'ayent fouffert ».
» Mais on reconnoit dans une Lettre
confidentielle, la fecréte intelligence
qui régne entre Louvois & lui; elle
y eft indiquée d'une manière évidente.

Le Duc annonce : « qu'il ne tardera
» pas d'envoyer à Louvois quelqu'hom-
» me d'esprit, pour lui rendre compte
» de tout en détail, & répondre à tout
» ce qu'il défire favoir, & qui ne fau-
» roit s'écrire ».

Enfin il mande à Louvois, après
avoir reçu de lui des témoignages de
la fatisfaction de Louis XIV : « Les
» converfions qui ont fuivi depuis le
» 15 Octobre, ont été fi générales,
» & avec une fi grande vîtefle, qu'on
» n'en fçauroit affez remercier Dieu,
» ni fonger trop férieufement au mo-
» yen d'achever entiérement cet ou-
» vrage, en donnant à fes Peuples
» toutes les inftructions dont ils ont
» befoin, & qu'ils demandent avec
» inftance. Le nombre des Religion-
» naires de cette Province eft d'envi-
» ron deux-cents quarante-mille hom-
» mes, & quand je vous ai demandé
» jufqu'au 25 du mois prochain, pour

» leur entière conversion, j'ai pris un
» terme trop long ; car je crois qu'à
» la fin du mois cela sera expédié. »

On voit dans les mêmes Lettres, que le P. de la Chaise recevoit de la même Province, des Relations plus infidéles encore, & que les correspondants secrets de ce Confesseur du Roi, « empressés », dit Noailles, « à se faire » de fête », annonçoient des conversions qui n'étoient pas encore faites, & en exagéroient le nombre & la facilité.

Comparez maintenant les dates, & vous verrez que depuis le 15 Septembre, jour où fut signé l'Arrêt mémorable sur les mariages, jusqu'au 18 d'Octobre, jour où fut signé la Révocation de l'Edit de Nantes; ces Relations qui représentoient au Roi d'une manière si infidéle la situation de son Peuple, étoient mises journellement sous ses yeux. Chaque jour on lui apprenoit ces trompeuses nouvelles. Madame de Maintenon écrit de Chambor, le 26 Septembre, « point » de Courier qui ne lui apporte de » grands sujets de joie, c'est-à-dire, » des nouvelles de conversions par » milliers ».

Louvois répond au Duc de Noailles le 15 Octobre: « J'ai lu à Sa Majesté vos Lettres des sept & huit de » ce mois. Elle y a vu avec beaucoup » de joie la continuation du progrès » des conversions, & l'assûrance que » vous lui donnez que, dans les 15 » premiers jours du mois prochain, » la R. P. R. sera entièrement abolie » en Languedoc ».

La Révocation qu'on méditoit depuis quelques années, mais dont le terme paroissoit encore éloigné, fut aussitôt précipitée. Le Roi crut que tout son Royaume étoit converti, ou près de l'être. Dans le préambule de l'Edit révocatoire,

révocatoire, il part de cette supposition comme d'un fait certain. Il dit, en termes exprès, « que ses soins ont » eu la fin qu'il s'étoit proposée, puis» que la meilleure & la plus grande » partie de ses sujets de ladite R. P. R. » ont embrassé la Catholique ». Ainsi les termes mêmes de l'Edit révocatoire prouvent la surprise faite au Roi.

Cette surprise, il est vrai, n'étoit pas entière; mais il croyoit que, sans violence & sans persécution, pour éviter quelque légère incommodité dans leurs maisons, & quelque trouble dans leur fortune, les Calvinistes, sans embrasser sincèrement notre Foi, s'étoient pressés d'abandonner la leur. Ce fut alors qu'on lui fit adopter cette Doctrine secrète que nous avons déjà développée. Madame de Maintenon nous le laisse entrevoir dans une Lettre sur cet Edit même. « Je crois bien que toutes ces » conversions ne sont pas sincères; » mais Dieu se sert de toutes voies » pour ramener à lui les Hérétiques. » Leurs enfants seront du moins Ca- » tholiques, si les pères sont hypocri- » tes. Leur réunion extérieure les ap- » proche du moins de la vérité. Ils » ont les signes de commun avec les » Fidèles. Priez Dieu qu'il les éclaire » tous. Le Roi n'a rien plus à cœur ».

Mais ce qui fit prendre cette grande résolution, n'est pas moins remarquable : ce fut la défiance même qu'inspirèrent des conversions si suspectes. On ne s'étoit point attendu à cette prompte soumission, à ces conversions de villes entières & par des délibérations prises en commun; elles remplissoient d'étonnement, & laissoient une sorte de crainte. Louvois écrivoit à Bâville le 9 Octobre: « C'est » un bien que la soumission des Reli-

» gionnaires soit générale; mais il faut
» prendre garde que cette soumission
» unanime ne maintienne entr'eux
» une espèce de cabale, qui ne pour-
» roit être par la suite que fort pré-
» judiciable ». On crut donc s'assûrer
contre la dissimulation des nouveaux
Convertis, en se pressant de bannir
tous les Ministres.

Le quinze Octobre, Louvois écrivit, de Fontainebleau, au Chancelier le Tellier, accablé alors de
vieillesse & de maux, & qui étoit
resté mourant dans sa maison de
Châville: « J'ai lu au Roi la décla-
» ration dont vous m'avez remis le
» projet, que Sa Majesté a trouvé très-
» bien. Vous verrez, par la copie qui
» sera ci-jointe, que Sa Majesté y a
» fait ajouter quelques articles, sur
» lesquels elle sera bien aise de rece-
» voir votre avis, le plus tôt qu'il se
» pourra. Sa Majesté a donné ordre

» que cette déclaration fût expédiée
» incessamment & envoyée par-tout:
» Sa Majesté ayant jugé qu'en l'état
» présent des choses, c'étoit un bien
» de bannir au plus tôt les Ministres ».

Ce fut aussi sous cet aspect, que les hommes les plus avisés, les plus instruits des desseins secrets du Conseil, ces hommes qui, dans toutes les Cours & sur-tout en France, vivent auprès des Ministres, en pénètrent les secrets, en suivent les intrigues, & se tiennent toujours à portée d'apprendre les évènements & les projets avant le gros du Public; ce fut, dis-je, sous cet aspect qu'ils envisagèrent les motifs & même qu'ils apprirent la première nouvelle de cette résolution. Voyez ce qu'en dit, dans ses *Mémoires*, Gourville, un des confidents de M. de Louvois; voyez comment il courut chez ce Ministre, pour y faire faire quelque changement, & comment cet homme, si pénétrant, conjectura qu'elle avoit été proposée par M. de Louvois.

Ainsi la Révocation ne fut précipitée que par une suite de la précipitation même dont on avoit précédemment usé ; & l'on bannit tous les pasteurs, parce que toutes les conversions étoient suspectes. Il y eut encore quelques oppositions dans le Conseil. L'Abbé de Choisy nous apprend que les avis furent partagés, quelques - uns voulant qu'on suivît toujours les mêmes maximes & qu'on fît tout par douceur. La Lettre de Madame de Maintenon, que nous venons de citer, nous instruit un peu de ce qui se passa. Elle nous fait voir que le caractère magnanime du Roi répugnoit encore à une persécution. « Le Roi, dit-elle, est fort
» content d'avoir mis la dernière
» main au grand ouvrage de la réu-
» nion des Hérétiques à l'Eglise. Le

» P. de la Chaise a promis qu'il n'en
» couteroit pas une goutte de sang,
» & M. de Louvois dit la même
» chose. »

Il n'en coûtera pas une goutte de sang ! L'évènement a montré la valeur de cette promesse.

Nous ne rappellerons point ici le désastre de cette Emigration qui ne cessa point pendant plus de soixante-& dix années, & qui est toujours près de se renouveller. Nous ne chercherons point à faire le dénombrement des milliers d'hommes, de femmes & d'enfants, qui périrent dans les dangers & les fatigues de leur évasion. Nous dirons seulement, d'après Boulainvilliers, Auteur peu exact, il est vrai, que dix mille homme furent la proie des flammes, des roues & des gibets. Et, pour citer des témoins plus authentiques, nous avons vu tout à l'heure Noailles compter dans la seule Province de Languedoc, deux cents quarante mille Calvinistes; & Bâville, quinze ans après, ne fait plus monter le nombre de toute cette infortunée Tribu, qu'à 198 mille, & alors les troubles des Cévennes n'étoient pas encore commencés. Bégon, Intendant digne de foi, écrivoit en 1698, que le seul Diocèse de Saintes, avoit perdu cent mille habitants.

Pendant que les Provinces retentissoient de gémissements, pendant que tout ce qui pouvoit fuir se préparoit à la fuite, les chaires retentissoient de panégyriques; mais quels étoient les vrais sentiments des hommes les plus éclairés ? Quel étoit, par exemple, le sentiment de Bossuet ? Il est assez curieux de le pénétrer dans les éloges mêmes qu'il prodigue à cette prétendue victoire. Voyez comme son opinion perce dans le panégyrique du Chancelier le Tellier qui signa l'Edit révocatoire, & dont Bossuet, trois mois après, prononça l'oraison funèbre. Il s'adresse aux Evêques, & parle du surcroît de travaux que cet évènement impose au Clergé. « Ah ! dit-il, si nous » ne sommes infatigables à ins- » truire, à reprendre, à consoler, à » donner le lait aux infirmes, & le » pain aux forts, enfin, à cultiver » ces nouvelles plantes, & à expli- » quer à ce nouveau peuple la sainte » parole, dont hélas ! on s'est tant » servi pour le séduire ; le Fort armé, » chassé de sa demeure, reviendra » plus furieux que jamais, avec sept » esprits plus malins que lui, & notre » état deviendra pire que le précé- » dent. Ne laissons pas de publier ce » miracle de nos jours » ; & il se livre ensuite à toute la verve de son génie, pour louer une action, dont par cette espèce d'exorde, il a fait si bien sentir tout le danger.

Fléchier, dans l'*Oraison Funèbre* du même Chancelier, employe une expression remarquable. « Je vois, dit-il, la droite du Très-Haut changer, ou du moins frapper les cœurs ». Le célèbre Bâville, la terreur des Huguenots, regardé par les hommes les plus graves de ce temps-là, comme un des hommes les plus sages, & une des plus fortes têtes qu'il y eût dans le Royaume, & que les *Mémoires* du temps appellent « *le Roi du Languedoc* », dans une Lettre à son frère, du 13 Avril 1708, dont l'original existe, s'exprime ainsi : « Je n'ai jamais été d'avis de révoquer l'Edit de Nantes ». Et, sans le dire aussi nettement, il le fait assez entendre dans un *Mémoire* très-éloquent, qu'il adressa au Conseil du Roi, treize ans après, & dans lequel, après avoir avoué l'étonnement où il fut, il soutient qu'il est devenu nécessaire d'achever promptement &

à la hâte, ce qu'on avoit imprudemment commencé.

Tout démontre invinciblement que ce fut un acte imprévu & précipité. Il fallut changer subitement les mesures qu'on avoit précédemment prises, & dont les dispositions étoient encore toutes récentes. On avoit rendu, il y avoit deux mois, une Loi pour réunir aux Hôpitaux tous les biens dont jouissoient les Consistoires supprimés, & qui le seroient à l'avenir. Mais la soudaine suppression de tous les Consistoires, & la ruine de tous les Temples fit aussi-tôt changer cette mesure. On voulut prendre sur ces biens une partie des dépenses imprévues qu'entraînoit la conversion générale, la réédification des Eglises, les achats des Livres pour les nouveaux Convertis. Le Roi se pressa donc de faire écrire par Châteauneuf, à tous les Intendants, pour qu'ils suspendisfent par tout le Royaume l'exécution de la Loi précédente.

L'Assemblée du Clergé séparée, il y avoit peu de semaines, avoit assûré des fonds pour l'entretien d'un nombre de Missionnaires dans les Provinces. Mais la nécessité d'instruire tous ceux à qui l'on venoit d'ôter leur Culte, rendit ce nombre insuffisant. Il fallut précipitamment fournir à l'entretien de nouvelles troupes de Missionnaires, qui partirent pour aller convertir réellement ceux qu'on nommoit déjà les nouveaux Convertis. Le Receveur-Général du Clergé fut donc autorisé à faire un Emprunt dont il seroit remboursé sur les impositions qui seroient faites, à cinq ans de là, par la prochaine Assemblée.

Les troupes, au moment où on publia l'Edit révocatoire, avoient reçu, depuis quelques jours, l'ordre de s'avancer vers les Provinces du Nord.

Celles du midi de la France étoient jusque-là les seules où ces orages fussent tombés. On ne changea rien à cette nouvelle destination ; &, pendant six semaines encore, elles achevèrent de parcourir le Royaume. Ainsi la France entière fut, d'un bout à l'autre traversée, &, dans toutes ses petites villes, dans tous ses villages, opprimée & foulée en moins de quatre mois.

Les ordres qu'elles recevoient alors étoient précisément les mêmes qu'avant l'Edit révocatoire. Louvois écrit, le 21 Octobre, à l'Intendant de Rouen : « Sa Majesté auroit fort agréa-
» ble qu'on pût porter les Religion-
» naires des principaux endroits à se
» convertir par délibération ; &, si
» cela ne se peut pas, Elle désire
» qu'on essaye de porter le plus grand
» nombre à se convertir, & qu'on ne
» s'opiniâtre point à les faire convertir
» jusqu'au dernier, par des logemens

» excessifs.... Elle aura pour agréable,
» qu'on ménage, le plus que faire se
» pourra, les gros Marchands & ceux
» des Manufactures dont le travail est
» utile à la Province; ce qui doit faire
» comprendre que Sa Majesté aime
» mieux que des vingt mille Religion-
» naires qui sont dans votre Départe-
» ment, il y en reste quatre ou cinq
» cents qui ne se convertissent pas
» présentement, que si, pour achever
» de les convertir tous, il falloit faire
» des violences très-considérables ».
Cet Intendant étoit ce même Marillac qui avoit subi la honte d'une
révocation, pour avoir fait le premier
essai des Dragonnades, en Poitou, &
qui venoit d'être rétabli dans cette
nouvelle Intendance, depuis les miracles opérés par cette terrible inven-
tion.

Mais ce qui semble porter un trait
de lumière sur cette révolution, c'est que, toutes les fois que la na-

ture des affaires exigeoit que l'ordre fût pris directement de la bouche du Roi, & qu'il n'émanât pas de la simple autorité du Ministre, la rigueur du Ministre disparoît ; & l'on reconnoît le caractère de Louis XIV. « Je ne vous
» envoye point, écrivoit Louvois à Noailles, en date du 28 Octobre, les
» ordres de Sa Majesté que vous de-
» mandez contre les Gentilshommes
» qui restent de la Religion prétendue
» Réformée ; parce que le Roi est per-
» suadé que, tant qu'ils demeureront
» dans la soumission, il ne faut agir, à
» leur égard, que par la voie de la
» douceur ».

Une autre Lettre, à l'Intendant de Champagne, en date du 23 Novembre, nous apprend que dans ce tems même où les *Dragonnades* touchoient à leur terme & redoubloient de rigueur, le Roi ne voulut pas permettre qu'on employât, pour ces conversions par logemens, les Maréchausfées, troupe de Justice militaire, dont l'intervention & la seule présence eût annoncé la nécessité d'obéir, sous peine de punition.

CHAPITRE XVI.

L'ÉDIT qui révoqua celui de Nantes, conservoit encore dans le Royaume quelque tolérance. Il défendoit l'exercice public de la Religion Protestante; mais il ne touchoit point à l'exercice privé. Il permettoit aux Protestants de demeurer en France, *sans pouvoir être troublés, sous prétexte de leur Religion*. Il invitoit ceux même qui avoient fui dans les Pays étrangers à rentrer dans leur Patrie, sous la promesse de cette liberté de conscience. S'il les forçoit à faire baptiser leurs enfants dans nos Eglises, on ne croyoit pas qu'ils se fissent aucun scrupule d'obéir à cette Loi, puisque, dans les deux Cultes, on convient de la validité du Baptême, par quelque main qu'il soit conféré. Une nouvelle Déclaration pourvut bientôt à leurs sépultures ; mais on ne fit aucune mention des Mariages ; &, dès le premier pas qu'on faisoit hors du plan qu'on s'étoit d'abord proposé, on arrivoit à une difficulté insoluble. En effet, dans l'union légitime des deux Sexes, toute puissance politique considère principalement le Contrat civil. Mais l'Eglise Romaine y considère encore un Sacrement des adultes. Le Roi ne se crut pas en droit d'ordonner à des Hérétiques de recevoir ce Sacrement, ni à son Clergé de le leur conférer ; & jamais le Clergé, sous ce Règne, n'osa demander au Roi de déclarer que le simple Contrat n'auroit pas pour eux une validité suffisante. Quelques efforts qu'on ait pu faire, pendant cent années,

années, c'est par ce côté foible que s'est enfin écroulé tout le frêle édifice des feintes conversions.

L'Edit révocatoire se tut sur un sujet si important. Mais cet Edit qui tient de si près à l'Arrêt, promulgué le mois précédent, en faveur des mariages Calvinistes, ne renferme aucun réglement par lequel le Législateur se soit rétracté. Cet Arrêt n'étoit ni confirmé ni abrogé ; &, si les Protestants, ou restés ou rentrés dans le Royaume, avoient présenté une Requête au Roi, s'ils lui avoient demandé l'exécution de la promesse qu'il venoit de leur faire, de les laisser vivre tranquillement en France ; » y continuer » leur commerce, y jouir de leurs » biens, sans pouvoir être troublés » ni empêchés, sous le prétexte de » leur Religion », un Roi si juste leur eut-il refusé une forme légale pour transmettre à leurs enfans

Y

leur nom, leur état & leurs biens.

Tous leurs Miniſtres étoient chaſſés du Royaume; mais, avant l'Edit révocatoire, on les avoit également chaſſés des lieux interdits; &, à la ſeule demande de quelques habitants, on leur avoit rendu un Prêtre pour leurs mariages, ſous de certaines conditions. Pouvoit-on refuſer le même égard à une Requête de tous les Proteſtants du Royaume. Il paroît donc que Châteauneuf, (car ce fut lui qui dreſſa l'Edit) s'étoit réſervé cette voie de rentrer dans le ſyſtême que la précipitation de Louvois le forçoit d'abandonner.

Tous les autres projets d'Edits qu'on trouve dans les archives, ſont précédés & accompagnés de Mémoires, de diſcuſſions, de Notes qui en expliquent les principes, qui en motivent les diſpoſitions, qui cherchent à prévenir les moindres difficultés, à indiquer d'avance les moyens de parer à tous les inconvénients ; mais, fur celui-ci, aucune note, aucune difcuffion ; & non-feulement on doit en inférer une nouvelle preuve de précipitation ; mais on y reconnoît, ce me femble, une preuve des vues fecrétes & différentes qui partageoient le Confeil. On évita de jetter les yeux fur des obftacles infurmontables. On craignit de faire trop fentir les inconvénients d'une réfolution qui flattoit la piété du Roi. Ces difficultés infolubles ne furent difcutées dans aucun Mémoire ; & à l'aide de cette fatale réticence, que chacun dut interprêter à fa manière & dans fon propre fens, on feignit d'être d'accord, afin d'agir de concert pour parvenir à des buts différents.

A Paris, le Lieutenant de Police fit affembler les principaux Commerçants, pour leur confirmer de bouche ce que l'Edit renfermoit de difpofitions favorables, & les affûrer qu'il n'y avoit rien à craindre pour eux.

Cependant Louvois qui, l'année précédente, avoit eu l'adreffe de faire à Châteauneuf un démérite d'avoir propofé les moyens violents, fçut maintenant lui faire un démérite d'avoir confervé au milieu de tant de rigueur, un refte de tolérance. Les conjonctures fervirent cette jaloufe & inquiéte ambition; car, dans l'intervalle de la fignature de l'Edit, à fa promulgation, le Roi continua de recevoir les nouvelles fucceffives de ces innombrables converfions. Il reçut même la promeffe que nous avons lue dans les Relations de Noailles; cette promeffe pofitive de la converfion des Cévènes & de tout le Languedoc. « Quand je vous ai de-
» mandé jufqu'au 25 du mois pro-

» chain pour leur entière converſion,
» j'ai pris un terme trop long; car je
» crois qu'à la fin du mois, cela ſera
» expédié ». Comparez les dates : ces
Relations arrivèrent à Verſailles au
moment où l'Edit commençoit à ſe
répandre dans les Provinces; & il
devient évident, par ce rapprochement, que les clauſes moins rigides
de l'Edit révocatoire, parurent publiées à contre-temps.

Tous ceux qui s'étoient dévoués
au parti oppreſſeur, & ceux qui, par
ſentiment ou par conviction, en ſuivoient les principes, ſe plaignirent
auſſi-tôt de ce reſte de tolérance. Le
nouvel Intendant de Languedoc écrivoit : « Cet Edit auquel les nouveaux
» Convertis ne s'attendoient pas, &
» ſur-tout à la clauſe qui défend d'in-
» quiéter les Religionnaires, les a
» mis dans un mouvement qui ne peut

» être appaisé de quelque temps. Ils » s'étoient convertis la plupart dans » l'opinion que le Roi ne vouloit plus » qu'une Religion dans son Royaume. » Quand ils ont vu le contraire, le cha- » grin les a pris de s'être si fort pressés ; » cela les éloigne, quant à présent, » des exercices de notre Religion ». Le Duc de Noailles composa un *Mémoire*, destiné à être mis sous les yeux du Roi. Cette maison que tant de dignités, tant de services rendus à l'Etat, tant de vertus héréditaires ont élevée à un si haut dégré de considération, pardonnera sans doute à l'importance du sujet, cette discussion sévère des Ecrits qu'elle même a pris soin de faire publier. Son aïeul suivoit l'impulsion de ce siècle, celle de la plus nombreuse partie de la Nation, celle de presque tout le Clergé. Nous verrons dans la suite que le Cardinal de Noailles, ramena Louis XIV

à des sentiments plus modérés, qu'il lui donna horreur de la persécution, au risque d'en être la victime. N'oublions pas qu'un autre Maréchal de Noailles, a toujours été, auprès de Louis XV, un constant défenseur de la tolérance. Puisse la Postérité pardonner au premier Maréchal de Noailles, & ses Dragonnades & surtout son *Mémoire*, en se rappellant les efforts de son frère & de son neveu, pour ramener dans le Gouvernement les principes de justice & d'humanité. Il envoya donc à Louvois un *Mémoire*, dont l'objet est de prouver que ce reste de tolérance alloit tout perdre. En voici les propres paroles..... « Ils étoient persuadés que le
» Roi ne vouloit qu'une Religion dans
» ses Etats, &, cette seule opinion qui
» avoit fait des conversions innom-
» brables, déterminoit tous les jours
» les plus opiniâtres, croyant qu'il

» n'y avoit plus d'espérance; de sorte
» qu'en très-peu de temps, il ne seroit
» pas resté un seul Religionnaire dans
» tout le Languedoc » : & il finit par
ces mots : " Il est certain que la der-
» nière clause de l'Edit, qui défend
» d'inquiéter les gens de la R. P. R.,
» va faire un grand désordre en ar-
» rêtant les conversions, ou en obli-
» geant le Roi de manquer à la parole
» qu'il vient de donner par l'Edit le
» plus solemnel qu'il pût faire ».

La réponse de Louvois fut connue
dès ce temps-là ; les Protestants l'ont
imprimée; elle est datée du 5 Novembre. " Je ne doute point que quelques
» logements, un peu forts chez le
» peu qui reste de Noblesse & du Tiers
» état des Religionnaires, ne les
» détrompent de l'erreur où ils sont sur
» l'Edit que M. de Châteauneuf nous
» a dressé, & Sa Majesté désire que
» vous vous expliquiez fort durement

» contre ceux qui voudront être les
» derniers à professer une Religion
» qui lui déplaît, & dont elle a dé-
» fendu l'exercice par tout son Royau-
» me ». Une autre Lettre écrite au Commandant d'une autre Province, s'exprime ainsi : « Sa Majesté veut
» qu'on fasse sentir les dernières ri-
» gueurs à ceux qui ne voudront pas
» suivre sa Religion ; & ceux qui au-
» ront la sotte gloire de vouloir rester
» les derniers, doivent être poussés
» jusqu'à la dernière extrémité ».

La persécution continua donc. « Noailles », disent ses propres *Mémoires*, « employa de nouveau la ter-
» reur des logements : En vain plu-
» sieurs Religionnaires signifièrent aux
» Consuls des Communautés, qu'ils
» eussent à loger ailleurs les Soldats,
» attendu l'Edit qui permettoit de
» rester Calviniste, sans pouvoir être
» troublé. Si l'on avoit quelques mé-

» nagements pour eux, obfervoit le
» Duc, il y auroit infailliblement le
» lendemain une infinité de relaps».

Tandis que les févérités redoubloient par des ordres particuliers de Louvois, les autres Miniftres fuivoient encore leur fyftême. Ils ne croyoient pas que de fimples Lettres de leur Collégue euffent détruit la Loi folemnelle qu'ils avoient fait rendre. Peut-être même les ignoroient-ils; &, par une fingulière contradiction, entre ces Lettres particulières de Louvois, & les Edits folemnels qui fe publioient au nom du Roi, le 12 Novembre, c'eft-à-dire une femaine après ces Lettres terribles, le Roi figna une nouvelle Déclaration, pour ftipuler les formalités que devoient remplir ceux de la R. P. R., qui, après avoir fui dans les Pays étrangers, voudroient, fur l'invitation de l'Edit révocatoire, & en conservant leur Religion, rentrer en France, & se faire restituer leurs biens. Elle fut enregistrée au Parlement le 28 Novembre. Le mois suivant, parut cette autre Déclaration qui indiqua les nouvelles formes à suivre pour constater le jour de leurs décès; & qui statue sur les regiftres des sépultures, conformément aux mêmes principes qu'on avoit d'abord adoptés pour les mariages.

Mais l'ascendant de Louvois ne tarda pas à subjuguer pour un temps tous ses Collégues; &, quand on eut pris décidément ce déplorable parti, il fallut toujours à une Loi sévère ajouter une Loi plus sévère; il fallut ordonner l'enlèvement de tous les enfants des Religionnaires & des mauvais Convertis; Loi inexécutable: tous les Colléges réunis, & tous les hôpitaux du Royaume n'avoient ni assez d'emplacement, ni les fonds nécessaires; & presque tous ces enfants restèrent dans leurs familles.

Bientôt on apprit qu'un assez grand nombre de Pasteurs étoient rentrés dans le Royaume; qu'ils se déroboient, par toutes sortes de rues, à la vigilance du Gouvernement ; qu'il n'y avoit sorte de déguisement qu'ils n'employassent; qu'ils se travestissoient en Mendiants, en Pélerins, en Officiers, en Soldats, en Vendeurs d'Images & de Chapelets, métier plus en vogue dans ce temps-là qu'aujourd'hui; qu'ils trouvoient par-tout des guides pour les conduire, des hôtes pour les recevoir & les cacher; qu'ils marchoient la nuit, habitoient souvent les forêts & les cavernes, & que leurs Fidèles venoient en foule y écouter leur Prêche. Il fallut alors épier ces assemblées, les dissiper ou les massacrer, effrayer les Pasteurs par le supplice de ceux qu'on put saisir; &, par une

Loi, mettre en quelque sorte leur tête à prix.

Les soins qu'on prenoit pour arrêter l'Emigration n'étoient pas moins infructueux. Envain faisoit-on garder les Frontières & les Côtes; envain publioit-on que les Puissances étrangères refusoient asyle aux réfugiés François, que partout ils étoient sans emploi & sans secours, que plus de dix mille étoient morts en Angleterre de l'intempérie du climat, des fatigues de leur évasion, & sur-tout de misère & de faim; que le plus grand nombre étoient prêts à revenir en France, en sollicitoient la permission, promettoient d'abjurer, formalité devenue alors nécessaire pour leur retour; & qu'enfin ce torrent alloit refluer sur lui-même, trompeuse espérance dont on n'avoit cessé de flatter Louis XIV. Ces bruits répandus à dessein trouvoient peu de croyance; &, autant on imaginoit de moyens pour retenir ceux qui méditoient leur évasion, autant étoient-ils avisés à lier des Correspondances pour la favoriser; ils avoient des Hospices assûrés, des guides choisis, des lieux de rendez-vous, des routes auparavant inconnues; & il fallut bientôt, pour mettre de plus grands obstacles à cette désastreuse Emigration, ôter à tous les nouveaux Convertis, la libre disposition de leurs biens; Ordonnance renouvellée de trois ans en trois ans, jusqu'à nos jours.

Cependant le prestige des feintes Conversions fut, en un moment, tout près de s'évanouir. On apprit, avec scandale & peut-être avec effroi, que la pluspart de ceux qui avoient fait abjuration, refusoient dans l'extrémité de leurs maladies, de recevoir les Sacrements de l'Eglise, & déclaroient alors qu'ils avoient toujours persisté dans la R. P. R.; toute crainte, toute considération humaine cessant au lit de la mort, ces malheureux laissoient tomber le masque & rendoient à leur Religion ce dernier hommage. On espéra de les contenir par la menace de toutes les peines qui peuvent ou inquiéter un mourant, ou allarmer la famille qui l'entoure. Ce fut l'occasion d'une Loi terrible : « Ceux qui, dans une » maladie, refuseront les sacrements, » seront, après leur mort, traînés » sur la claie, & leurs biens confis- » qués ; & s'ils guérissent, ils seront » condamnés à faire amende hono- » rable, les hommes aux Galères » perpétuelles, les femmes à être en- » fermées, & leurs biens également » confisqués ».

Les notes qu'on mit sous les yeux du Roi, pour l'engager à souscrire cet horrible Loi, méritent d'être citées.

Sur la peine des Galères, avec

confiscation de corps & de biens, il y avoit cette note : « *C'est la même peine qu'à ceux qui sortent du Royaume sans permission* », sur la peine d'être traîné sur la claie; la note est : « *Même peine que pour les duels, c'est-à-dire, Procès à la mémoire, privé de sépulture, traîné sur la claie & pendu par les pieds* ». Et l'on ajoute « *que le Concile de Latran a décidé que ceux qui manquent à faire leurs Pâques, doivent être privés de la sépulture Chrétienne* ».

Voilà où conduisit la première Déclaration sur les *Relaps*, rendue au commencement du Règne, sollicitée & obtenue sur des motifs bien différens du but où l'on venoit d'arriver, & ce n'étoit pas encore à ce terme effrayant qu'on devoit s'arrêter.

Une conséquence nécessaire, du même principe, étoit de les astreindre

dre pendant leur vie, à tous les devoirs de la Catholicité; mais comment les foins de l'Adminiſtration la plus vigilante auroient-ils pu contraindre deux-cents mille familles à répéter journellement les actes d'une Religion qu'on leur faiſoit abhorrer. Les cent yeux de l'Inquiſition & ſes bûchers, auroient-ils pu y ſuffire? Cependant quelques Adminiſtrateurs, dans les Provinces, donnèrent auſſi-tôt des inſtructions aux troupes, pour les employer à cette ſurveillance, dreſsèrent un Réglement ſur la Communion Paſchale, établirent des Inſpecteurs dans les Paroiſſes, pour examiner ſi les nouveaux Convertis, alloient à la Meſſe, au Catéchiſme, quelle y étoit leur contenance, & s'ils pratiquoient conſtamment, toute l'année, & chaque jour de l'année, les devoirs que la Religion impoſe aux Catholiques. Ce ſont toujours les excès qui préparent les révolutions; &, dès ce moment, le Roi reconnut avec surprise, que, loin de toutes ses inclinations, on l'avoit amené jusqu'au point d'établir l'Inquisition en France. Il s'arrêta sur cette limite; &, malgré l'étrange contradiction qu'il y auroit à exiger d'un mourant, les devoirs d'un culte qu'on permettroit aux vivants de ne pas suivre, il fit promptement, mais en secret, révoquer tous ces Règlements nouveaux. Les maximes opposées à celles qu'on avoit suivies depuis quelques années, commencèrent à se faire secrétement écouter. Un changement inattendu, dont nous développerons les premières causes dans le chapitre suivant, s'opéroit avec lenteur. On interdit alors toute contrainte dans la conduite habituelle de la vie; & toutefois on laissa croire qu'elle subsistoit. Le Roi fit écrire à tous les Intendants qu'il défendoit qu'on fît rien qui sentît l'Inquisition; mais rien non plus qui donnât lieu de soupçonner cette défense. Il apprit, avec non-moins de surprise, que la Loi contre les mourants n'avoit pas eu l'effet qu'on lui avoit promis. On l'avoit obtenue, en lui persuadant qu'elle seroit simplement comminatoire, ou du moins que peu d'exemples suffiroient. Mais, dans la plupart de nos villes, on n'eut que trop fréquemment cet affreux spectacle, des cadavres traînés sur la claie. On y voyoit trop souvent des Prêtres échauffés &, le Viatique en main, escortés d'un Juge & de ses huissiers, se rendre chez les mourants, & bientôt après une populace fanatique se faire un jeu cruel d'exécuter elle-même la Déclaration dans toute son horreur. Ainsi, contre la volonté même du Gouvernement, ces condamnations multipliées atteſtoient la perſévérance des prétendus nouveaux Convertis dans la Foi qu'on avoit voulu leur ôter. On ſe preſſa donc d'écrire aux Intendants pour qu'ils rendiſſent ces ſpectacles plus rares.

Cette Lettre, du 5 Février 1687, deviendra bien importante pour la ſuite de ces Eclairciſſements hiſtoriques.

Le Secrétaire d'Etat qui l'écrit, commence par avouer, au nom du Roi, que cette Loi « n'a pas eu tout
» le ſuccès qu'on en eſpéroit ; Sa
» Majeſté s'eſt relâchée, en quelque
» façon, de l'exécution de cette
» Déclaration ; & elle m'ordonne de
» vous écrire que, dans les occaſions
» où il arrivera que quelque nouveau
» Converti aura déclaré, avec éclat,
» vouloir mourir en ladite Religion
» & que les parens le diront avec
» oſtentation, & en vue d'en tirer

» vanité, il faut faire exécuter cette
» Déclaration à la rigueur; mais à
» l'égard des autres qui, en mourant
» feront de pareilles Déclarations, par
» un simple motif d'opiniâtreté, &
» dont les parents témoigneront le
» désapprouver, il sera bon de ne pas
» relever la chose, & de ne point
» faire de Procédure; &, pour cet
» effet, Sa Majesté trouve à propos
» que vous fassiez entendre aux Ec-
» cléstiastiques qu'il ne faut pas que,
» dans ces occasions, ils appellent si
» facilement les Juges pour être té-
» moins, afin de ne pas être obligé
» de faire exécuter la Déclaration
» dans toute son étendue ».

CHAPITRE XVII.

C'est ainsi que le zèle des conversions avoit conduit Louis XIV, contre son inclination & ses principes, à une intolérance, dont il avoit d'abord rejetté les rigueurs. Le Jésuite la Chaise dominoit alors avec un empire absolu sur la nomination des Bénéfices, & sur les affaires de la Religion. Madame de Maintenon écrit du 2 Février 1687: « Le P. de la Chaise » est mieux que jamais dans l'esprit » du Roi. Il agira désormais sans » M. l'Archevêque de Paris ; & Ma- » dame de Lesdiguières ne verra plus » le Clergé de France à ses genoux.... » Vous croyez bien que cette grande » faveur va mettre tout le monde aux » pieds de la Société ».

Cependant les Jansénistes étoient

épouvantés à l'aspect de ces Loix qu'ils trouvoient sacrilèges. Ils annonçoient qu'on ne réussiroit point par ces moyens contraires, disoient-ils, à la sainteté de la Religion; que le nombre des Calvinistes ne diminuoit, en France, que par le grand nombre de ceux qui fuyoient; que ceux même qui se soumettoient, en apparence, prenoient dans leur feinte soumission plus d'horreur pour nos Mystères, profanés par nous-mêmes; qu'ils joignoient à cette aversion naturelle pour notre Foi, un regret, mêlé de fureur, de l'avoir embrassée par un faux serment; qu'une entreprise fondée sur la profanation, devoit échouer par la malédiction céleste. Leurs maximes étoient, comme on le sçait, de n'approcher des Sacrements qu'avec une sainte terreur, & d'en croire l'homme presque toujours indigne. Persuadés que la crainte de Dieu n'est pas même un sentiment assez pur pour lui être offert ; qu'il n'agrée point d'autres hommages que ceux de notre amour, ils ne pouvoient admettre dans la Religion cette terreur des galères, de l'infamie & de la ruine. Ils abhorroient, & les amendes-honorables & les logements des gens de guerre, & le spectacle des cadavres traînés sur la claie. Ils disent, dans leurs Ecrits, « Que leurs cheveux » se hérissoient à la seule pensée de » ces Communions involontaires ».

Il y avoit à la Cour même quelques partisans de leurs opinions : elles y étoient professées, sans fanatisme, sans zèle indiscret, sans animosité imprudente, par des hommes dont le Roi estimoit les lumières, & dont ils respectoit les vertus. Ce n'est pas que le Jansénisme osât s'y montrer à front découvert : son nom demeuroit proscrit. Mais le Roi avoit moins d'averſion pour le fond de cette Doctrine, depuis qu'il avoit ceſſé d'en redouter un nouveau Schiſme. Ces Janſéniſtes ſecrets parvenoient donc à faire entendre timidement leurs voix. Leurs repréſentations modérées étoient ſouvent accueillies; &, ſi le caractère du Roi avoit d'abord ſuffi pour l'éloigner de toute rigueur ſanguinaire, ſi les principes ſur la Légiſlation, admis dans ſon Conſeil, avoient empêché de confondre les droits des deux puiſſances ſur les Mariages, la tolérance, qui ne tarda pas à renaître & qui ſubſiſta juſqu'aux derniers mois de ce Règne, fut due aux inſinuations des Janſéniſtes; non pas, comme on le croit d'abord, parce qu'ils éprouvoient eux-mêmes le malheur des Sectes perſécutées, mais parce que cette tolérance étoit une ſuite néceſſaire de leurs opinions : l'obéiſſance dans les fers ne peut être un témoignage de fidélité ni d'amour.

L'ambition seule avoit entraîné Madame de Maintenon loin de leurs maximes ; mais son penchant naturel la ramenoit vers eux. Voyez dans ses Lettres le prompt changement qui se fit en elle. Toujours occupée de plaire, mais n'ayant plus besoin de séduire, elle rentre dans son véritable caractère. Elle mande à M. de Villette son parent ; « Vous êtes » converti ; ne vous mêlez plus de » convertir les autres. Je vous avoue » que je n'aime point à me charger » envers Dieu ni devant le Roi de » toutes ces conversions-là ». Est-ce donc cette même femme que nous avons vue si fervente pour les conversions, & toujours applaudissant au choix des plus déplorables moyens ?

Elle commençoit à se lier avec deux hommes d'un caractère très-différent, mais dont les principes se rapprochoient sur plusieurs points.

L'un étoit l'Abbé de Fénélon, qui sans-cesse l'exhortoit à inspirer au Roi « la méfiance des conseils durs » & violents, & l'horreur pour les » actes d'autorité arbitraire ».

Peut-être trouvera-t-on ici, avec quelque plaisir, les commencements d'une liaison si célébre ; & il est nécessaire, pour la suite même de ces Ecclaircissements historiques, de bien faire connoître les principes de la singulière révolution qui se préparoit. On sait que Madame de Maintenon avoit alors à Versailles, pour sa plus intime société, les Duchesses de Beauvilliers & de Chevreuse ; toutes deux filles de Colbert, & sœurs de Seignelai; toutes deux avoient auprès d'elle le mérite rare de n'avoir jamais fait leur cour à Madame de Montespan; long-temps éloignées du Roi par cette réserve, elles s'en rapprochoient par la faveur de Madame de Maintenon.

L'Abbé de Fénelon étoit l'oracle de ces deux sœurs ; l'oracle de cette famille fort unie, isolée de toutes les autres sociétés, & qui parvenoit à un si grand crédit. Fénelon, jeune encore, avoit flotté assez long-temps entre les Jésuites & les Jansénistes ; les uns, maîtres de toutes les grâces Ecclésiastiques, l'avoient trop peu accueilli ; les autres, sans faveur, mais en grande réputation dans le monde, avoient commencé à l'y produire. Il ne s'étoit pas dévoué à eux ; il n'étoit pas attaché à toutes leurs opinions ; mais il n'avoit pas encore adopté celle du *Quiétisme* ; & son ame tendre étoit touchée de leur amour pur ; son esprit insinuant, son éloquence persuasive & sa vertu indulgente le rapprochoient de leurs maximes sur l'instruction & sur la tolérance Chrétienne. Peu de temps après la Révocation, il partit pour une Mission en Saintonge, à la Rochelle & dans le pays d'Aunis. Il y a, fur cette partie de fa vie, plus de Panégyriques que d'Hiftoires fidelles. On a fait rejaillir fur ce commencement de fa carrière, la gloire que dans la fuite il a fi juftement acquife; ce que fa conduite eut, en cette occafion, de modéré, de noble & de fage a été exagéré, & n'avoit pas befoin de l'être. Il n'eft pas vrai que deux Provinces ayent été préfervées par fes foins du fléau de la perfécution, & qu'il n'eût accepté cette Miffion qu'à cette condition même. Ce jeune Abbé, pour impofer alors des conditions au Gouvernement, étoit trop loin de cette fortune élevée, de ce crédit & de cette confidération où il parvint bien-tôt après; fi fon zèle avoit eu cette efpéce de fermeté qu'on lui fuppofe, on ne l'auroit pas employé : fa vertu fût reftée inutile.

L'oppreſſion de la Rochelle & des deux Provinces voiſines étoit conſommée, quand il partit. Louvois en avoit déjà retiré les troupes pour les envoyer dans d'autres Généralités, » afin (dit-il, dans ſa Lettre aux Commandants, en date du 3 Novembre 1685,) « d'y faire la même choſe à » l'égard des Religionnaires que vous » avez pratiquée dans le Poitou & le » Pays d'Aunis ». Les rapports qui arrivoient de la Rochelle au Miniſtère, vers le milieu de Décembre, ſont ceux-ci : « Je ne trouve preſque » plus de Religionnaires à la Rochelle, » depuis que je paye ceux qui les » découvrent, & qui me les livrent, » dont je fais empriſonner les hom- » mes & mettre les femmes ou filles » dans les Couvents, de l'aveu & » par l'autorité de M. l'Evêque ». L'Abbé de Fénelon ne préſerva donc pas ces deux Provinces de l'op-

pression générale ; il fit mieux pour sa propre gloire : arrivé au milieu de cette persécution, il n'en suivit pas les maximes, & donna des exemples contraires. Nous avons retrouvé ses Relations; quelques-unes sont adressées à Madame de Beauvilliers; on ne peut douter qu'elles n'ayent été mises sous les yeux de Madame de Maintenon, & qu'elles n'ayent contribué à la prompte élévation du jeune Missionnaire. Nous en avons déjà cité un passage sur le Clergé de ce pays. Ajoutons encore celui-ci : « Nous tâ-
» chons d'éviter dans nos Sermons
» l'air contentieux des controverses.
» Nous faisons couler les preuves par
» voie de simples explications, & en
» y joignant des mouvements affec-
» tueux; nous insinuons tout ce qu'il
» faut pour faire de vrais Catholiques,
» en ne paroissant travailler qu'à faire,
» en général, de bons Chrétiens ; tous

» ces soins suffisent à peine pour atti-
» rer ces esprits; tant ils sont effarou-
» chés. Nous rencontrons par-tout
» un attachement incroyable à l'Hé-
» résie. Plus un Prédicateur les a tou-
» chés, moins ils veulent retourner
» l'entendre. Leur grand proverbe est
» qu'il faut fuir la voix des Enchan-
» teurs ». Sa Mission fut bientôt ca-
lomniée par les Jésuites. La Chaise le
fit rayer de la feuille où il étoit inscrit
pour l'Evêché de Poitiers; & le Roi
prit, dès-lors, quelques fâcheuses impressions contre lui. Il fut réduit à
écrire une Lettre apologétique, pour
être mise sous les yeux de ce Prince;
on l'y voit avec douleur, non pas
dissimuler ses sentiments, mais en
affoiblir l'expression, n'en prendre la
défense qu'en annonçant qu'il est
prêt à y renoncer, & se rapprocher
avec adresse du parti auquel il étoit
véritablement opposé. Ainsi sa vertu
indulgente

indulgente & modérée étoit plus flexible qu'on ne l'a dit, & fçavoit quelquefois se prêter au temps pour être plus utile. Depuis cette époque, on s'apperçoit de quelque changement dans sa correspondance ; son embarras s'y décèle perpétuellement. Il semble quelquefois qu'on entende les maximes d'un intolérant & d'un persécuteur ; mais il ne faut pas s'y tromper ; s'il propose quelques rigueurs, c'est pour en prendre droit de rejetter les rigueurs sacrilèges qui étoient alors en usage.

Fénelon, peu après son retour, fut admis dans la plus intime confiance de Madame de Maintenon. On a imprimé parmi les Lettres de celle-ci, les conseils de conduite qu'il lui donnoit ; ils contiennent un passage bien important ; mais il est, en quelque sorte, perdu dans le désordre d'une édition fautive, & il prend un tel degré d'intérêt, en le replaçant dans les circonstances où ces conseils furent donnés, que je ne puis me refuser à le remettre ici en sa place, sous les yeux des Lecteurs.

« Vous devez, lui dit-il, suivre le
» courant des affaires générales pour
» tempérer ce qui est excessif, & re-
» dresser ce qui en a besoin. Vous
» devez, sans vous rebuter jamais,
» profiter de tout ce que Dieu vous
» met au cœur, & de toutes les ou-
» vertures qu'il vous donne dans celui
» du Roi, pour lui ouvrir les yeux &
» pour l'éclairer; mais sans empresse-
» ment, comme je vous l'ai souvent
» répété. Au reste, comme le Roi se
» conduit bien moins par des maxi-
» mes suivies, que par l'impression
» des gens qui l'environnent, & aux-
» quels il confie son autorité, le capi-
» tal est de ne perdre aucune occa-
» sion pour l'obséder par des gens
» sûrs, qui agissent de concert avec

» vous pour lui faire accomplir, dans
» leur vraie étendue, ſes devoirs dont
» il n'a aucune idée. S'il eſt prévenu
» en faveur de ceux qui font tant de
» violences, tant d'injuſtices, tant de
» fautes groſſières, il le ſeroit bientôt
» encore plus, en faveur de ceux qui
» ſuivroient les Régles & qui l'ani-
» meroient au bien. C'eſt ce qui me
» perſuade que, quand vous pour-
» rez augmenter le crédit de MM. de
» Chevreuſe & de Beauvilliers, vous
» ferez un grand coup. C'eſt à vous
» à vous meſurer pour le temps; mais,
» ſi la ſimplicité & la liberté ne peu-
» vent emporter ceci, j'aimerois
» mieux attendre juſqu'à ce que Dieu
» eût préparé le cœur du Roi. Enfin
» le grand point eſt de l'aſſiéger,
» puiſqu'il veut l'être; de le gouver-
» ner, puiſqu'il veut être gouverné.
» Son Salut conſiſte à être aſſiégé par
» des gens droits & ſans intérêt ».

L'autre personne qui approchoit de Madame de Maintenon, dans ce même temps, avec moins d'intimité, mais comme un homme dont elle estimoit la sagesse & les lumières, étoit ce même M. d'Aguesseau qui avoit demandé son rappel du Languedoc, pour ne prendre aucune part aux violences qui s'y étoient commises. Il avoit du ses premiers emplois à Colbert ; & l'on sait trop combien les liaisons personnelles & les amitiés héréditaires influent sur les affaires même d'où dépend la destinée des peuples. Les nouvelles places qu'il occupa bientôt, l'Administration des Economats qu'il obtint à la mort de Pélisson, la Régie des biens des Religionnaires fugitifs, & sur-tout l'Administration des biens de M. le Duc de Maine, lui donnerent avec Madame de Maintenon, de fréquents rapports. Son attachement aux opinions Jansénistes étoit connu ; & l'on a cru long-temps que ses sentiments pleins de vertu & de piété, étoient encore mêlés de quelque haine contre M. de Basville, qui l'avoit remplacé en Languedoc, qui étoit attaché aux opinions contraires, & qui devoit, comme nous l'avons dit, son avancement à Louvois.

D'Aguesseau ne perdoit aucune occasion de faire prévaloir son systême. Dès l'année 1686, il composa un Mémoire très-sage, dans lequel il soutenoit que la contrainte imposée aux nouveaux Convertis, étoit impie. « Il n'y a, disoit-il, qu'une chose dif- » ficile, qui est de les persuader : tout » le reste n'est point la conversion ; » tout le reste qui n'est qu'extérieur, » & que l'autorité peut faire, s'il est » prématuré, bien loin d'avancer l'œu- » vre, la recule & la gâte... Que faire » donc ? les instruire, les édifier, les » assujettir à l'Instruction, réprimer

» leurs entreprises journalières, pour
» s'assembler ou pour se fortifier les
» uns les autres : Mais, dira-t-on,
» cette voie est bien lente : on la trou-
» veroit plus rapide qu'on ne le croit.
» Dès que les esprits seront revenus
» de l'aigreur & du trouble par l'assu-
» rance d'être en repos, ils commen-
» ceront à se rapprocher & à enten-
» dre ce qu'ils n'entendent pas main-
» tenant. Mais enfin une voie ne doit
» jamais passer pour trop lente lors-
» qu'elle est l'unique qui méne au but :
» les autres voies font aller plus vîte;
» mais elles égarent.

Telles furent les premières causes de la révolution qui se préparoit, mais avec lenteur, parce que Madame de Maintenon avoit eu trop de part aux moyens employés jusques-là, pour oser revenir brusquement sur ses pas. Elle eut besoin de temps, d'insinuation & d'adresse. Il étoit plus sûr & peut-être moins difficile de travailler à perdre Louvois, que de travailler à le réduire. Ce fut aussi l'ouvrage d'une longue patience; & son crédit, comme il arrive souvent dans les Cours, parvenoit au plus haut point, dans le temps même qu'on se préparoit sourdement à le détruire.

Ainsi, malgré ces rétractations secrétes, auxquels Louvois avoit dû lui-même se prêter, le systême des rigueurs sembloit de plus en plus prévaloir. Sans infirmer, par aucune Déclaration, les clauses encore favorables aux Calvinistes dans l'Edit révocatoire, on continua d'autoriser, par des ordres secrets, les Intendants & les Commandants de Provinces à violer, à leur égard, cette Loi nouvelle. On enferma dans des Forteresses une centaine de Gentilshommes, dont la fermeté inébranlable donnoit, dans les Provinces, un exemple qu'on redoutoit. Ceux qui avoient des liaisons à la Cour, obtinrent la permission de quitter la France. On embarqua, pour des lieux éloignés, quelques Bourgeois opiniâtres ; & l'on voulut persuader à Louis XIV qu'il avoit étouffé l'Hérésie, à-peu-près comme on l'avoit fait croire à Charles IX, dans la nuit de la Saint-Barthélemy. Mais en vain tout ce qui parloit à ce Prince de ses sujets Calvinistes, évitoit de les désigner sous ce nom, & affectoit de les nommer » ceux qui ont professé la Religion » prétendue Réformée », bientôt la triste vérité démentit les *Relations* infidelles & les vaines adulations ; &, dès que ce nouvel orage fut passé, on reconnut, avec étonnement, le grand nombre de Calvinistes qui restoient encore. On reconnut que les ordres d'emprisonnement ou d'exil étoient tombés sur quelques têtes choisies; l'oppression des Dragonnades sur les petites villes & sur les campagnes ; que si, dans les grandes villes, les hommes en place avoient mandé les principaux Bourgeois, & tenté d'effrayer les plus opiniâtres, là, comme par-tout ailleurs, la multitude, à la faveur de son obscurité, avoit échappé à la persécution; on apprit qu'en plusieurs endroits, les prétendus *Convertisseurs* s'étoient contentés d'abjurations équivoques, dans lesquelles les Réformés avoient conservé une partie de leurs opinions; que, dans la violence même des Dragonnades, plusieurs Commandants des troupes en avoient adouci l'horreur, tel que le Mis de Beuvron, en Normandie, tel que l'Evêque de S.-Pons, Percin de Mongaillard, qui s'étoit constamment opposé à ce qu'on employât ces odieux moyens dans son Diocèse. En un mot il est prouvé, par les états envoyés à la Cour, dans les dernières années de ce siècle, que, dans toutes nos Provinces un très-grand nombre de Calvinistes pouvoient encore, après tant de tempêtes, invoquer, pour leur tranquillité dans leur Religion, la protection même des Loix. Louis XIV en connoissoit dans les familles qu'il honoroit le plus de sa confiance. Il disoit, en 1695, « Qu'il lui revenoit » beaucoup de plaintes des Mission- » naires ; & qu'ils faisoient peu de » conversions ». Mais il se renfermoit ordinairement dans un profond silence sur ce sujet ; ce qui faisoit dire à Madame de Maintenon : « On croit anéan- » tir les choses, en n'en parlant pas ».

Cette multitude plus nombreuse, que la force & la crainte avoient revêtue d'un masque Catholique, n'étoit pas moins embarrassante pour le Royaume. Au premier mouvement de cette Ligue générale contre la France, qui se fit en 1688, Louis XIV commença à redouter, sous ce nom de *nouveaux Convertis*, ceux qu'il n'avoit jamais eu à craindre fous leur véritable nom de *prétendus Réformés*. On fe preffa alors de défarmer ceux qui, dans le libre exercice de leur Héréfie, lui avoient donné du Quefne & Turenne. On crut néceffaire d'exclure des moindres Charges Municipales, après leur abjuration, ceux qui, dans ce même fiècle, avoient donné Sulli au Royaume.

De zèlés citoyens, & à leur tête le Maréchal de Vauban, n'héfitèrent point dans ces terribles conjonctures, à propofer la rétractation de tout ce qui s'étoit fait depuis neuf ans, le rétabliffement des Temples, le rappel des Miniftres, la liberté à tous ceux qui n'avoient abjuré que par contrainte de fuivre celle des deux Religions qu'ils voudroient, une Amniftie générale pour tous les fugitifs, pour ceux même qui portoient les armes contre la France, la délivrance des galères, & la réhabilitation de tous ceux que cette triste cause y avoit fait condamner.

Vauban eut la noble assûrance de présenter ce *Mémoire* à Louvois. Il y déplore la désertion de cent mille François, la sortie de soixante millions, la ruine du Commerce, les Flotes Ennemies grossies de neuf mille Matelots les meilleurs du Royaume, leur armée de six-cents Officiers & de douze mille Soldats plus aguerris que les leurs. Il dit que " la contrainte
» des conversions a inspiré une hor-
» reur générale de la conduite que
» les Ecclésiastiques y ont tenue, &
» la croyance qu'ils n'ajoutent aucune
» Foi à des Sacrements qu'ils se font
» un jeu de profaner; Que, si l'on
» veut poursuivre, il devient néces-
» saire d'exterminer les Prétendus
» nouveaux Convertis comme des

» rebelles, ou de les bannir comme
» des relaps, ou de les enfermer com-
» des furieux ; projets exécrables,
» contraires à toutes les vertus Chré-
» tiennes, morales & civiles, dange-
» reux pour la Religion même, puif-
» que les Sectes se sont toujours pro-
» pagées par les persécutions ; &,
» qu'après les massacres de la St-Bar-
» thelemy, un nouveau dénombre-
» ment des Huguenots prouva que
» leur nombre s'étoit accru de cent
» dix mille; qu'il reste un seul parti,
» plein de charité, utile, convena-
» ble, politique, celui de les con-
» tenter : » & il finit par dire que « la
» prudence qui sçait, à propos, se
» rétracter & céder aux conjonctures,
» est une des parties principales de l'art
» de gouverner ».

Une Loi également favorable aux nouveaux Convertis, & à ce qui restoit encore de Protestants en France,

Loi capable de suspendre les émigrations, & que nous discuterons dans une suite de ces *Eclaircissemens*, fut rendue à cette époque ; mais les succès de la Guerre rassûrèrent bientôt les esprits. Luxembourg, Catinat, Tourville, Jean Bart, la fidélité même des Protestants, fidélité que leurs plus cruels adversaires furent contraints de louer, sauvèrent la France de cette ruine qui l'avoit menacée.

On s'occupa cependant de trouver un remède à des maux intolérables, à un état violent qui ne pouvoit durer. Mais alors Louvois, dont l'ambition avoit fait presque tous ces maux, & dont le génie auroit été capable de les réparer, Seignelai, déjà son concurrent, & dont les grands talents avoient promis de remplacer Colbert, étoient tous deux morts. Le Conseil du Roi étoit presque renouvellé. L'intention de remédier à un désordre qu'on ne cessoit de déplorer, les longues délibérations sur ce sujet, les Loix nouvelles auxquelles on se détermina, ranimèrent de funestes querelles entre les deux Partis qui divisoient l'Eglise; & la contrariété de leurs opinions religieuses, continua de porter dans cette affaire autant & plus encore de confusion, que n'avoit fait la jalousie de crédit & d'autorité.

Pour développer les évènements de cet autre période, & montrer comment cette confusion & les malentendus qu'elle occasionna produisirent enfin sous le dernier règne un genre de persécution inouï jusqu'alors, comment une si nombreuse partie de la Nation Françoise se trouva réduite à la mort Civile, nous mettrons sous les yeux des Lecteurs, dans une suite de ces *Eclaircissements historiques*, le rapport général de cette affaire, que M. le Baron de Bréteuil a mis sous les yeux du Roi, au mois d'Octobre 1786. Les *Eclaircissements* que nous y ajouterons, auront pour objet de donner plus de développement à des faits qui peuvent intéresser l'Histoire, & dont ce Ministre a du ne présenter à Sa Majesté que ce qui étoit nécessaire pour éclairer sa justice, & diriger sa bienfaisance.

F I N.

M. DCC. LXXXVIII.

www.ingramcontent.com/pod-product-compliance
Lightning Source LLC
Chambersburg PA
CBHW060613170426
43201CB00009B/1005